損を出さない「FX投資」強化塾 Q&A

原彰宏・高橋毅 著

セルバ出版

　　　　は　じ　め　に

　相場が荒れている状況では、上昇局面でも下降局面でも、どちらでも収益を狙える投資手法が望まれます。また、すぐに相場から撤退できる換金性の良さも必要です。目先の現金確保のための利益確保のためにも、損失回避のためにも、すぐに現金にできる投資が有利といえます。また、投資に回す資金も、少ないお金からはじめられれば家計も助かります。
　FX投資は、まさにレバレッジ（倍率）を効かすことで、少ない元手で投資が可能な投資です。ほぼ24時間投資ができますから、仕事をしながらの投資にも向いています。当然、相場の上昇局面でも下降局面でも収益を狙うことができます。
　また、FX投資に関する情報は多く、まさに個人投資家のポピュラーな投資商品といえます。為替の世界は、決済ができないとか、価値がなくなるということはありません。
　レバレッジが高いというのは、イコール危険だというのは誤解です。むしろ投資効率を良くする制度であり、世界中の金融機関が積極的に取り入れている手法です。不動産投資もレバレッジを有効に活用する投資です。
　そもそも投資では、利回りも大事ですが、絶対額を確保することも大事です。長期投資も大事ですが、目の前の現金を確保するのに有効なのが投機という投資手法です。投機はギャンブルではなく、理論に裏打ちされた投資手法の1つです。これからはまさに、「貯蓄から投資へ」から「投資から投機へ」です。FX投資は、まさに、投機の世界の入り口です。
　FX投資は使い方によっては、単なるリスクの大きい商品というのではなく、今一番欲しい目の前の現金を確保する有効な投資手法です。レバレッジをうまく利用して、スワップポイント（スワップ金利）の確保を求める投資や、売買差益を求める投資と使い分ければ、かなり有効な投資手法です。
　FX取扱会社（業者）も、今までの店頭FXに加えて、税制面で有利な取引所FXも登場しました。自動取引のシステムもあり、使い勝手が良い投資手法になりました。
　本来、投資は収益を求めるもので、ただ単にリスクを回避することばかりに注力するものではありません。ただ、リスク回避は、収益を大きく伸ばすために必要な考え方でもあります。要は、いかに"負け"を少なくし、"勝ち"を伸ばすかということです。
　投資で重要なことはいかにして負けないようにするかということです。損

失をコントロールできる人が"勝てる"投資家になります。負けないためには、投資の本質をよく見極めることで、投資のしくみを理解することです。

　本書は、そうした観点からＦＸ投資の知識と応用について実践的経験を踏まえてまとめています。ＦＸ投資にかかわる税金についても触れています。

　ＦＸ投資をよく理解していただき、あとは、実戦経験をより多く積み重ねていってください。

　ＦＸ投資が皆様の将来設計の強力な武器になることを祈っています。

　平成22年9月

原　彰宏

Q&A損を出さない「FX投資」強化塾　目　次

はじめに

❶FX投資ってなんのことだろう

Q1　FX投資ってなに …………………………………………10
Q2　FX投資と外貨投資との違いは …………………12
Q3　FX投資のしくみは ……………………………………13
Q4　2010年8月からの証拠金倍率（レバレッジ）
　　　規制ってなに ……………………………………………16
Q5　FX投資で儲けるってどういうこと ……………17
Q6　FX投資でのレバレッジの考え方（10倍と50
　　　倍の違い）は ……………………………………………19
Q7　FX投資を行うために必要なことは………………20
Q8　FX投資で損するってどういうこと ……………22
Q9　FX投資で損するのはなぜ………………………………24
Q10　FX投資を始めるのに必要なことは ………………26
Q11　外貨投資のリスクってなに ……………………………27
Q12　FX投資で失敗しないために知っておくべき
　　　ことは ………………………………………………………29

❷為替・為替レートってなに

Q13　為替ってなに …………………………………………………32
Q14　為替レートを動かす要因は ……………………………35
Q15　円高・円安の意味・動くときの要因は ……………39
Q16　為替変動にみられる特徴は ……………………………41

❸FX投資を扱う会社はどこがいい

- Q17　FX投資を扱う会社ってどういう会社 ………… 44
- Q18　FX投資を扱う会社(業者)の手数料は ………… 46
- Q19　FX投資を扱う会社(業者)の選び方は ………… 48
- Q20　FX投資を扱う会社(業者)と取引を始めるには ………………………………………………… 49
- Q21　悪徳業者か否かを確認する方法は ………… 51
- Q22　FX取扱会社(業者)との付き合い方は ………… 52

❹FX取引の種類は

- Q23　店頭FX・取引所FXってなに ………………… 54
- Q24　くりっく365・大証FXってなに ……………… 57
- Q25　約定方法：マーケットメイカー方式・オークション方式ってなに ………………………… 58

❺FX取引のしかたは

- Q26　FX取引の開始手続・進め方は ………………… 60
- Q27　FX取引の入金から換金までは ………………… 61
- Q28　店頭FXの取引のしかた・確認の方法は ……… 62
- Q29　取引所FXの取引のしかた・確認の方法は …… 63
- Q30　両建注文ってなに・その使い方は …………… 65
- Q31　成行注文・指値注文・逆指値注文ってなに・その使い方は ……………………………………… 66
- Q32　OCO(オーシーオー)注文の取引は …………… 69

Q33	IFD（イフダン）注文の取引は	70
Q34	IFO（アイエフオー）注文の取引は	72
Q35	大証FX特有の注文方法は	73
Q36	勝つための注文方法は	77
Q37	売りたいときの価格の決め方・確認は	79
Q38	マージンコール・ロスカットルールってなに・その対応は	81
Q39	FX投資の儲け・損ポイントをまとめると	84
Q40	自分にあった投資スタイルの決め方は	85
Q41	取引手法の活用方法は	87
Q42	失敗する取引例は	88

❻FX取引での勝つテクニックは

Q43	投資における短期・長期の見方は	90
Q44	短期トレード・長期トレードってなに	92
Q45	チャートってなに・見方や使い方は	93
Q46	チャートの活用：抵抗線と支持線・トレンドラインってなに	96
Q47	チャートの活用：三角持ち合いってなに	98
Q48	チャートの活用：ローソク足の流れでトレンドを探るには	100
Q49	テクニカル指標ってなに・その使い方は	104
Q50	移動平均線の見方・使い方は	106
Q51	一目均衡表の見方・使い方は	110

Q52	ボリンジャーバンドの見方・使い方は……………113
Q53	ストキャスティックスの見方・使い方は…………115
Q54	MACDの見方・使い方は………………………117
Q55	順位相関係数(RCI)の見方・使い方は…………120
Q56	相対力指数(RSI)の見方・使い方は……………122
Q57	テクニカル指標の上手な使い方は………………124

❼FX投資の心構えは

Q58	ファンダメンタルズ分析ってどういう分析のこと……………………………………126
Q59	トレンドフォローってなに………………………127
Q60	順張り・逆張りの意味・使い方は………………128
Q61	投資において初心者が行いそうな失敗は………129
Q62	勝つための投資の心構えは………………………130

❽FX投資の税金は

Q63	FX投資にかかる税金は……………………………132
Q64	取引所FX・店頭FXの税金の違いは……………133
Q65	FX投資に要する経費の申告は……………………136
Q66	FX投資をしている人の確定申告は………………137
Q67	確定申告書の提出・納税は………………………140
Q68	利益が出たときの確定申告書の書き方は………142
Q69	損失の繰越をするときの確定申告書の書き方は……………………………………………146

❶ FX投資ってなんのことだろう

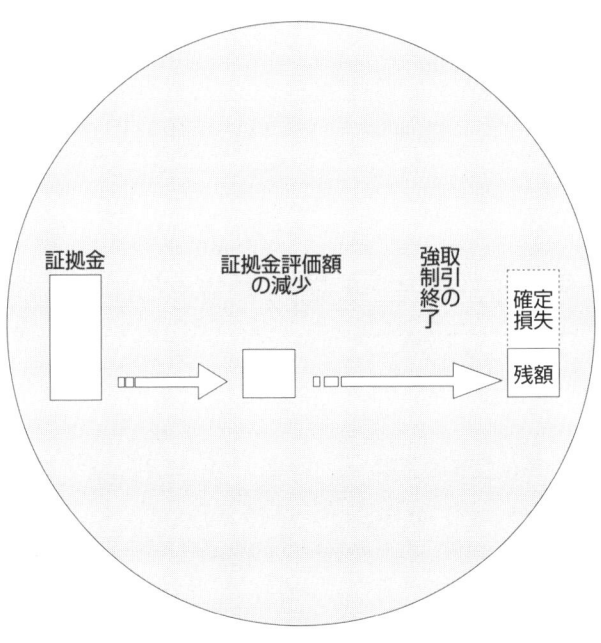

Q1 FX投資ってなに

Answer Point
♡ FXとは、Foreign Exchangeの略称で、外国為替証拠金取引と呼ばれています。
♡ FXは、外国の通貨に投資するものです。
♡ FXの投資対象は、世界の国々の通貨です。

♥ FXというのは

FXとは、Foreign Exchangeの略称で、外国為替証拠金取引と呼ばれています。外国為替保証金取引や通貨証拠金取引とも呼ばれます。

日本では、「FX」と略すことが多いですが、海外では「FOREX」と略されることが多いです。

【図表1　日本円と外国為替の関係】

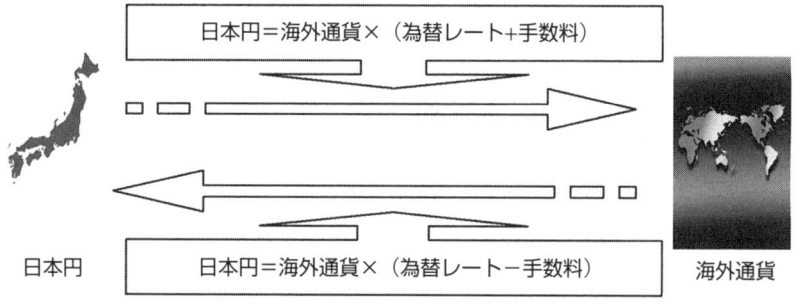

♥ FXの投資対象は世界の通貨

FXの投資対象は世界の通貨で、日本円で投資します。

日本円で外国通貨を買う取引の場合は、購入時よりも円安になると収益を得ます。決済のときは外国通貨を日本円に戻しますので、1通貨に対して換金できる日本円は多いほうが得となります。

「売り」からも投資することができます。外国通貨を売る場合（この場合は外国通貨で日本円を買うことになります）は、購入時よりも円高になったときに収益を得ます。

この場合の円高、円安は、あくまでも外貨を買った（売った）時点の価格よりも高いか安いかということで、購入価格が基準になります。

【図表2　日本円でドルを売り買いしたときのしくみ】

○USドルを買った場合
　　購入時：1ドル＝100円　→　売却時：1ドル＝120円　⇨　20円の儲け
○USドルを売った場合
　　売却時：1ドル＝100円　→　買戻時：1ドル＝90円　⇨　10円の儲け

♥金利差でも収益を得る

　FX投資の場合、為替の動きで収益を得る方法に加え、日本円と投資した通貨の国の金利差により、毎日一定額の収益（スワップポイント）を得ることができます。

　これは、金利の低い国の通貨で、金利の高い国の通貨を買ったときに得ることができる収益のことです。金利は、銀行間取引の市場金利で、各国の中央銀行が発表する政策金利とは一致しませんが、政策金利に影響を受けることになりますので、結果、政策金利と近い値になります。

　毎月の一定額の収益であるスワップポイントを求めるなら、政策金利の高い国の通貨に投資します。日本円との金利差が大きければ収益も大きくなります。ゆえに、政策金利が引き上げ（俗にいう利上げ）られた国の通貨は、買われる（通貨高）ことになります。

　日本円で考えて、その国の通貨に対しては円安となります。

【図表3　金利の違い】

| 金利0.10% | 元本 | 利息 |
| 金利4.00% | 元本 | 利息 |

【図表4　金利差での収益の取り方（矢印はお金の流れ）】

利息の還元　◀────────　高利息
低金利通貨100　────────▶　高金利通貨100

【図表5　金利差の計算（矢印はお金の流れ）】

スワップ金利（1万通貨、1日分）＝
　　（A国の金利－B国の金利）÷100×1万×為替レート÷360

Q2 FX投資と外貨預金との違いは

Answer Point

♡外貨預金とFX投資の違いは、外貨預金は主に高い預金利息を狙うのに対して、FX投資は金利の低い通貨を売って、金利の高い通貨を買うときに発生する金利差（スワップ金利）を狙います。

♥FX投資は外貨運用の手段を広げた

1998年の外国為替法（外為法）の改正により、外国為替の大幅な規制緩和が実施され、個人投資家が気軽に外国為替の取引ができるようになりました。それにより、外国為替証拠金取引（FX）が盛んになりました。

大きな収益を得ることができることに加え、外国為替による手数料の大幅な削減により、それまで外貨預金ぐらいしかなかった個人投資家の外貨運用の手段が広がりました。

♥外貨預金とFX投資の違いは

外貨預金とFX投資の違いは、外貨預金は主に高い預金利息を狙うのに対して、FX投資は金利の低い通貨を売って、金利の高い通貨を買うときに発生する金利差（スワップ金利）を狙います。

また、FX投資では、為替変動に合わせてタイミングよく売買することで、大きな「為替差益」が得られます。

FX投資は、取引上の条件や環境など違っている点が多く、外貨預金に比べて柔軟性が高いことや、資金効率が良い投資商品だということができます。

【図表6　FX投資と外貨預金の違い】

	FX投資	外貨預金
①取扱機関	証券会社・商品先物業者等	銀行
②取扱方法	売り・買い両方	買いのみ
③取引レート	常に変動	1日1回のみ
④為替手数料	1～10銭 業者・通貨により異なる	片道1円が多い
⑤取引時間	土日を除くほぼ24時間	営業時間内
⑥取引期限	なし	満期あり

Q3 FX投資のしくみは

Answer Point

♡ FX投資は、証拠金をFX取扱会社（業者）に預託して取引します。

♡ FX投資は、差金決済により売買を行うので、元手は少なくて済みます。

♥証拠金取引というのは

証拠金とは、一種の「担保」のようなもので、証券会社は担保を預かることで、FX投資を許可するというイメージです。

証拠金取引では、収益が出れば担保価値が上がり、取引の枠が広がりますが、損失が出れば、担保価値は下がります。証券会社ごとのルールで、この担保価値が、ある一定以上下がると（たとえば担保価値が半分になるなど）、自動的にFX投資を終了させられてしまいます（ロスカット）。

FX投資では、投資の最中であれば、「含み益」「含み損」と表現され、取引をやめて現金に戻さない限り、利益も損失も確定しません。

つまり取引は続けられますから、たとえ損失を抱えていても大逆転は望めます。しかし、証拠金の価値がある一定以上下がると、強制的に取引を終了させられますので、損失が強制的に確定することになります。

それは、ある程度の額の損失にとどめてくれるという考え方もできますが、その後の相場が転換して利益を得るチャンスがあっても、取引はできなくなります。

【図表7　証拠金取引の例（レバレッジ10倍の場合）】

♥証拠金取引の特徴は

FX投資は、証拠金（保証金）をFX取扱会社（業者）に預託し、主に差

金決済による通貨の売買を行う取引です。

たとえば、100万円投資し、120万円に価値が上がり、20万円の収益を得たとしましょう。通常、この投資には元手として100万円が必要で、それを120万円で売って利益を得ます。

外貨投資の場合、100万円を投資する際に為替手数料がかかり、120万円で買い戻す際にも為替手数料がかかります。

証拠金取引の場合、担保としての額を入れるだけで100万円に相当する投資ができます。100万円の元手がなくてもかまいません。ここが重要です。

さらに、差金決済の取引では、利益の20万円を決済するので、投資時点の100万円投資する際の手数料は不要になります。20万円を決済するときに手数料がかかるだけです。ここが大きな特徴です。

【図表8　差金取引の現金の流れ】

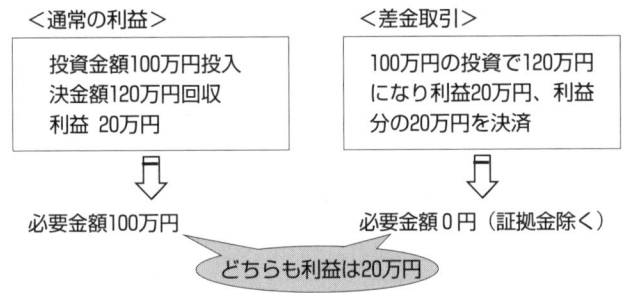

【図表9　差金取引の手数料の流れ】

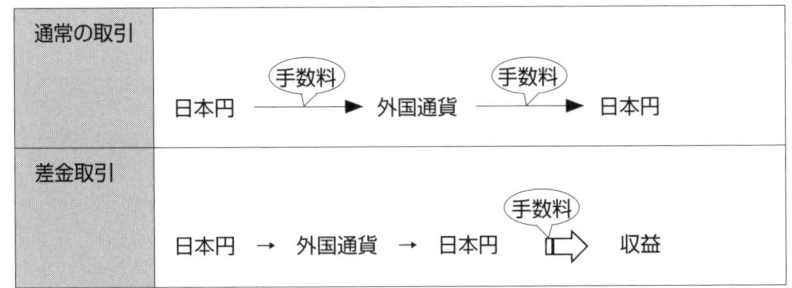

♥レバレッジというのは

レバレッジ（leverage）とは、もともとは「てこ（lever）の使用」という意味で、経済活動では、自己資本だけでなく他人資本を活用して、自己資

【図表10　レバレッジ10倍のイメージ（てこの原理）】

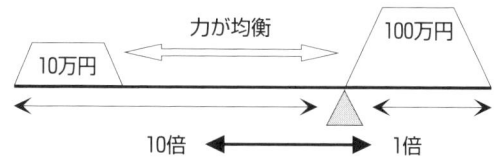

本に対しての利益率を高めることで、その倍率（利益÷自己資本）をあらわします。「レバレッジ◯倍」と表現します。

レバレッジが大きければ、それだけ資産効率（自己資本に対する利益率）は高くなります。

前述の証拠金との関係は、レバレッジが大きければ証拠金は少なくて済みます。ただし、相場の変動で証拠金の価値が下落するスピードは速くなります。取引の強制終了のリスクは大きくなります。

【図表11　2,000万円の取引を行うのに必要な証拠金】

レバレッジ倍率	証拠金
レバレッジ 10倍	証拠金　200万円
レバレッジ 20倍	証拠金　100万円
レバレッジ 50倍	証拠金　40万円
レバレッジ100倍	証拠金　20万円（海外の取扱会社の例）

♥レバレッジが大きければ少ない証拠金で取引することができる

レバレッジが大きければ少ない証拠金で取引することができます。

しかし、証拠金は担保ですから、レバレッジが大きくなると担保提供額は少なくなり、少しの相場変動でも担保評価額は大きく減少することになりますから、取引が強制終了（ロスカット）される可能性は高まります。

レバレッジが大きいと、投資効率を高めるのには非常に有効ですが、証拠金額以上の損失を被る可能性も大きくなります。

図表10でもおわかりのとおり、レバレッジが大きければ、投資に必要な資金は少なくて済みます。少額で大きな収益を狙うには、レバレッジが大きいのは有利です。

ただ、もし証拠金の評価額が20万円に下がったとします。図表10の例で、レバレッジ10倍での投資だと、証拠金は200万円準備していますから、20万円評価が下がっても180万円残りますが、レバレッジ50倍だと40万円しか証拠金がないので、一気に50％も証拠金の評価額が下がることになります。

Q4 2010年8月からの証拠金倍率(レバレッジ)規制ってなに

Answer Point
♡日本国内のFX取扱会社（業者）は、2010年（平成22年）8月から証拠金倍率の上限が50倍までになりました。
♡高リスクからは保護されますが、少ない手持額での投資は厳しくなります。

♥証拠金倍率（レバレッジ）規制というのは
　金融庁は外国為替証拠金取引（FX）で、顧客が預けた金額の何倍まで取引可能かを示す「証拠金倍率（レバレッジ）」に規制を導入し、レバレッジの上限が50倍までに制限されました。
　いままで100倍、200倍と高レバレッジを設定するFX取扱会社がありましたが、高レバレッジをかけることで投資家が突発的な為替相場の変動で大きな損失を負うリスクを防止することを目的として規制導入が行われました。
　2011年8月にはさらに規制を厳しくし、レバレッジの上限を25倍にする予定とのことです。

♥証拠金倍率（レバレッジ）規制のメリットは
　レバレッジが制限されることで投資家が高リスクから保護されることになります。また、FX取引会社（業者）としても、金融庁の規制導入によって取引の健全性が高まることにもなります。
　FX取扱会社（業者）間の競争で手数料の値引競争は、私たち投資家にとってはありがたいことです。

♥証拠金倍率（レバレッジ）規制のデメリットは
　少ない元手で投資する魅力は薄れます。今までよりも多くの投資資金が必要になってきます。中小のFX取引会社（業者）の廃業が増えるかもしれません。

♥証拠金倍率（レバレッジ）規制で何が変わるのか
　リスクの程度が下がりますので、投資初心者が入りやすくなり、また税制面で有利な取引所FX（Q23参照）が増えてくると思われます。

❶ FX投資ってなんのことだろう

Q5 FX投資で儲けるってどういうこと

Answer Point
♡ FX投資は、為替差益（売買益）で収益を得ます。
♡ FX投資は、スワップポイントで収益を得ます。

♥為替差益で利益を得る

　FX投資は外国通貨の売買で収益を得ます。日本円で投資しますので、収益も日本円で受け取ります（海外の証券会社ではドルで取引できます）。

　ほとんどの日本の証券会社は日本円で取引を行いますので、為替差益を求めるには、日本円よりも強い通貨、つまりはその通貨よりも日本円が安くなる（円安）通貨を買うことになります。為替レートについては❷で詳しく説明します。

　ここでの鉄則は「強い国の通貨を買う」ということです。

【図表12　為替差益（日本円で海外通貨購入）】

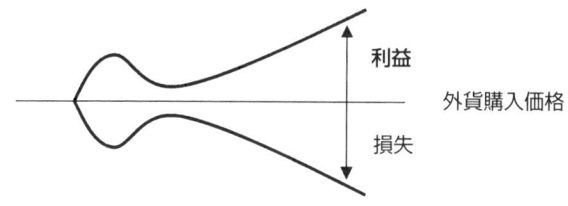

【図表13　日本円で海外通貨売却（外貨で日本円購入）】

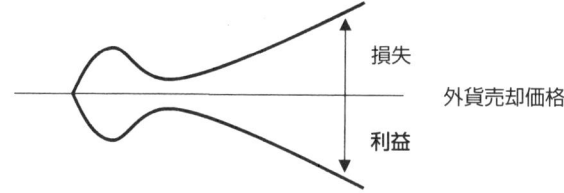

　FX投資では、為替差益による収益確保で行う投資家が多いです。その場合は短期での取引が中心になります。

♥スワップポイント（スワップ金利）で利益を得る

　通貨を売却して得る利益ではなく、日付をまたいで保有している間に収益を得るのが「スワップポイント」です。

　外貨を買い、数日保有しているということは、お金を預けて運用しているのと同じです。購入した通貨の国で運用していますので、その通貨の国の金利が適用になります。

　金利の低い国の通貨で金利の高い国の通貨を購入すると、毎日（証券会社によって支払方法は異なります）利息（スワップポイント）が支給されます。

　逆に金利の高い国から低い国の通貨を購入（金利の高い国の通貨で金利の低い国の通貨を買う）した場合は、逆に利息（スワップポイント）を支払うことになります。

　精算方法は、ポジションを手仕舞うときに行われます（売却益や売却損から差し引いたり、加えたりします）。

【図表14　金利差での収益の取り方（高金利通貨の買い）】

　　低金利の通貨
　　　↓　高金利通貨の買いポジション（対日本円）
　　高金利の通貨
　　　↓　10日後に決算
　　低金利の通貨に換金差金　＋　10日間のスワップポイント　＝　収益
　　　　　　　　　　　　　　　　　（受取り）

【図表15　金利差での収益の取り方（高金利通貨の売り）】

　　高金利の通貨
　　　↓　高金利通貨の売りポジション（対日本円）
　　低金利の通貨
　　　↓　10日後に決算
　　高金利の通貨に換金差金　－　10日間のスワップポイント　＝　収益
　　　　　　　　　　　　　　　　　（支払い）

❶FX投資ってなんのことだろう

Q6 FX投資でのレバレッジの考え方(10倍と50倍の違い)は

Answer Point
♡低レバレッジでの投資は、スワップポイント狙いで長期投資用です。
♡高レバレッジでの投資は、売買差益狙いの短期投資用です。

♥レバレッジの考え方は

　レバレッジについてはQ3でも説明していますが、投資家の行動から考えると、高レバレッジは投資額（元手）が少なく、低レバレッジは投資額が多いということになります。

　反面、高レバレッジでの投資は、少しの値動きで保証金評価額が変動しますから、場合によっては、強制終了（ロスカット）される可能性は、低レバレッジでの投資よりは大きくなります。

♥レバレッジ10倍と50倍の違いは

　レバレッジ1倍で、少しでも大きな利益を求めるなら、投資額を増やせばよいわけです。たとえば、リターン10％なら、100万円投資で利益は10万円、1,000万円投資で利益は100万円になります。投資資金に余裕があれば少ないリスクで大きな実利益を得ることができます。

　ところが、投資資金が潤沢でない場合、それでも大きな利益を求めるのであれば、レバレッジを高くして、少ない元手を何倍にも膨らませて投資を行う手法が求められます。

　10倍のレバレッジだと、大きな実利益は求められませんが、FX投資特有の「スワップポイント（スワップ金利）」が、金利の高い外貨買いのポジションならもらうことができます。

　外貨定期預金をするつもりで、高金利通貨を低レバレッジで買うことで、少しずつ収益をためていくことができます。Q2で説明したとおり、手数料は外貨預金よりもFX投資のほうが有利です。

　50倍のレバレッジ取引では、余裕資金で投資し、短期で売買差益を求めて投資をするという考えで、割り切って行うとよいでしょう。

　10倍レバレッジと50倍レバレッジでの、目的の違う投資手法を、別のFX取扱会社（業者）で設定するのもよいでしょう。

Q7 FX投資を行うために必要なことは

Answer Point
♡なぜ為替は変動するかを理解しましょう（為替の特性）。
♡投資家の心理を理解しましょう（儲けるポイントの把握）。

♥需給のバランスが為替変動に影響

マーケットはなんでも同じですが、買う人が多ければその価格は上がり、売る人が多ければその価格は下がります。需給バランスにより価格は変動します。

世界の三大通貨と呼ばれているのは「アメリカドル（USD）、ユーロ（EUR）、日本円（JPY）」です。世界の基軸通貨はUSDです。たとえば、世界的に経済不安の風潮で、投資家が安全志向に傾けばUSDを購入する人が増えます。「EUR／USD」ではUSDを買う人が多いので、ドル高／ユーロ安になります。

どういうタイミングで、その通貨が人気になるかは「❷為替・為替レートはなに」で詳しく述べます。

♥為替変動は政治が関与

その国の通貨が強くなるには、その国の経済状況がよくならなければなりません。政策金利の上昇も、投資家を呼び込むポイントです。それらはすべて国の政策や中央銀行の施策が大きく関与します。

株式市場、債券市場も把握する必要がありますし、商品市場の動きも影響があります。

投資対象の市場だけを見ていればよいということではありません。

♥為替市場のプレーヤーの事情を把握

為替市場での主なプレーヤーは機関投資家です。機関投資家とはプロの投資家で、一般には金融機関です。証券会社の取引に加え、一般の銀行や年金を預かる信託銀行、保険会社などが主なプレーヤーです。彼らのそれぞれの買う事情、売る事情を把握することが必要です。

ヘッジファンドや投資ファンドと呼ばれる巨大なお金の集団の動きも重要

【図表16　為替変動の要因】

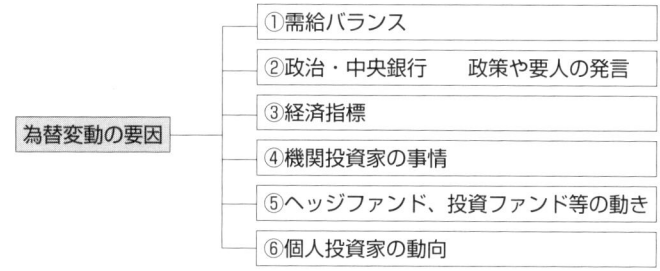

です。

　また、ITの普及により、個人投資家の動静も無視できないくらい大きくなりました。投資家としての彼らの動きも注意が必要です。

　さらに、システムトレードが流行し、さまざまな法則で自動売買がなされています。その特性から、一気に買いポジションが膨らんだり、売りポジションが膨らんだりすることがあります。

　詳しくは「❸為替・為替レートってなに」で説明します。

♥投資家心理を把握

　システムトレードは、コンピュータが事前に組み込まれた情報に基づき自動的に売買がなされます。

　しかし、機関投資家はファンドマネージャーというプロの投資家が独自の理論で投資を行います。個人投資家もそれぞれのスタンスで投資を行います。

　つまり、たいていの場合、感情のある人間がトレードを行うことになります。トレードでは、投資家としての微妙な心理が働きます。

　どういう局面で投資家はどう動くのか、行動心理を把握することも、常勝トレーダーを目指すには重要なポイントです。行動心理を学べば、自分のトレードにおいても戒めとして、ゆとりをもった投資を行うことができます。

　投資に必要な要素は、図表17の3つです。この3要素は、投資を生業としている人の共通の意見です。

【図表17　投資に必要な3要素】

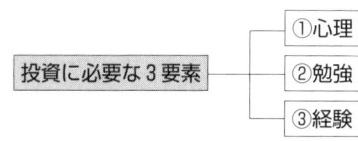

Q8 FX投資で損するってどういうこと

Answer Point
♡取引の強制終了（ロスカット）による損失があります。
♡欲による強引な取引などによる損失があります。

♥ロスカットというのは

　証拠金取引では、担保となる証拠金の価値がある程度以下になると、強制的に取引を停止することを「ロスカット」といい、これは名前のとおり、損失を限定するものです。

　人には欲があり、損失が膨らむと、損失を取り戻すためにとめどなく取引を行い、さらに損失を拡大しがちになります。それを防ぐロスカットは、ある意味、投資家を守るしくみなのかもしれません。

　いったんロスカットになると、再度資金を投じて新しいポジションを持つか、残りの金額で可能な取引を行うかになります。

【図表18　ロスカットの手順】

保有現金＋評価額　＝　ロスカット規定額×2
証券会社より、投資家個人に登録されたメールアドレスにロスカットアラーム、つまり、いくらまで下がるとロスカットになる旨を通知

⇩

保有現金＋評価額　＝　ロスカット規定額
取引の強制終了（現ポジションの手仕舞い）

♥いきなり取引停止になるわけではない

　いきなり取引停止になるわけではなく、登録されているメールアドレスに事前にロスカットになりそうなので気をつけるように注意喚起のアナウンスが行われます。

　そのときに追加証拠金を入金すれば、担保である証拠金額が増え、強制終了されずに取引を行うことができます。

　ただし、さらに思惑と逆に相場が動き再びロスカットの危険にさらされ、自動的に取引停止となった場合は、当初の投資金額にさらに追加した金額も失い、損失は拡大することになります。

【図表19　損失拡大のしくみ】

○ ロスカットの損失

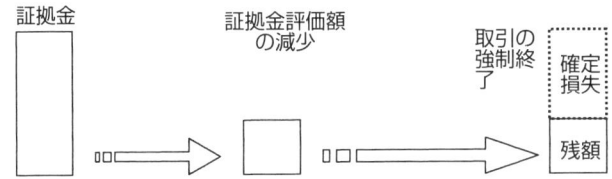

○追加証拠金（通称：オイショウ）での損失

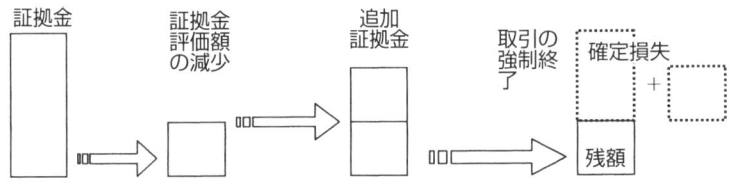

♥欲による強引な取引というのは

　大きく収益を得るには、たとえば「買いのスタンス」、値が上がれば儲かることを求める場合、より低い価格で購入してより高い価格で売ることで収益を拡大することをもくろみます。

　その場合、値が下がったら買い、さらに値が下がったら買い増し、最終的にロスカットで資産を失うパターンです。「売りのスタンス」はこの逆です。

　この投資手法を「逆張り」といい、相場の方向性に逆らう動きになります。うまくはまれば、大きな収益を得ることができますが、はずれれば損失が大きく拡大します。

【図表20　強引な取引例】

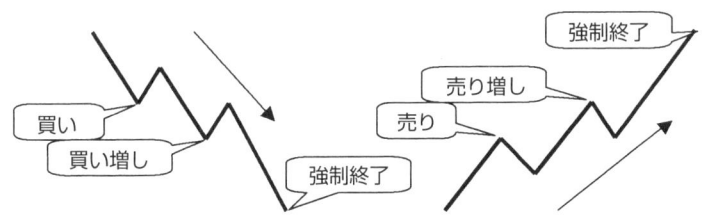

　収益を狙うあまり、最安値で買って最高値で売る（あるいはその逆）ことばかりを考え、経済状況から見て相場は下落傾向であっても下がったら買うという行動を繰り返し、評価額が耐えられなくなってしまいます。

Q9 FX投資で損するのはなぜ

Answer Point
♡FX投資で損する原因は次の3点です。
　①欲が抑えられない状況で投資を行っている
　②勘だけで投資を行っている
　③思い込みで投資を行っている

♥大きな収益を狙う投資（欲との戦い）をする

　FX取引のイメージは一般的に「ハイリスク・ハイリターン」のようです。
　損失は証拠金の範囲に限定されるので、「ハイリスク」という言葉が当てはまるかどうかは疑問ですが、大きな収益を得る「ハイリターン」の可能性は大きいといえます。
　それゆえ、FXでの投資ではどうしても大きな収益を狙いたくなるものです。
　Q8の「強引な取引による損失」でも説明した「逆張り」の取引は、取引自体に問題があるのではなく、値幅に注目するだけで、市場性（トレンド）を考慮しない取引の場合では、運次第の取引になることが問題なのです。
　その通貨の特性を十分に調べずに、値動きの激しい通貨にばかり投資して損をすることもあります。
　つまり、勉強や経験の裏打ちなく、値動きを見るだけで投資をすると、当り前ですが、良いときはよく、悪いときは悪い、運任せの投資になってしまいます。

♥勘だけの投資をする

　ファンダメンタルズを考慮せず、チャート分析も行わないで、勘だけを頼りに「買い」「売り」を行うことはかなり危険です。
　相場の動きを完全に予想するのは難しいですが、相場の方向性はかつての投資家たちの経験値や経済の動きで、ある程度は想定することはできます。どう動くかの仮説は立てることができます。
　投資は占いでも、一か八かの賭けでもありません。
　投資とギャンブルの違いは、しっかりとした理論に裏打ちされているかどうかで、投資は理論と経験で行うものです。

♥ リスクヘッジのない取引をする

　ストップロス（証券会社設定のロスカットとは別に）を自ら設定することで、損失を限定する手法を用いれば、相場が想定とは逆方向にぶれても損失は拡大することはありません。

　ロスカットラインを設定しないで大きなリターンを得ることばかりで、値幅狙いにだけに投資していると、損失を拡大することがあります。

【図表21　独自のロスカットライン設定の有無】

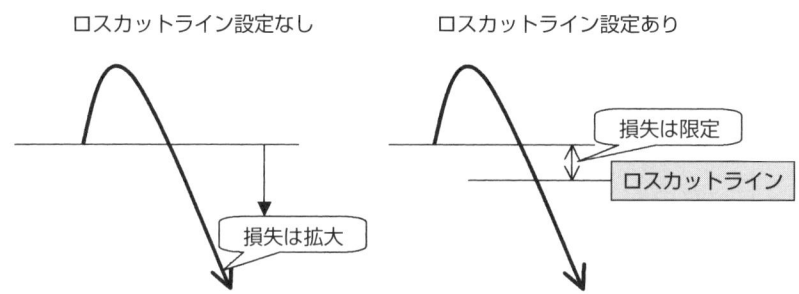

♥ 思い込みで投資する（期待からの妄想）

　勝手な期待から将来のチャートの動きを想像（むしろ創造）するということは、まさに妄想以外の何物でもありません。

　こうなってほしいと願う気持ちが、経験値や勉強の裏付けとは関係なく、勝手に未来を確定してしまいます。

　経済指標がよくなると思い込む、よくなると必ずその通貨は高くなると思い込むことが大きな落とし穴です。

【図表22　思い込みによる投資（期待からの妄想）】

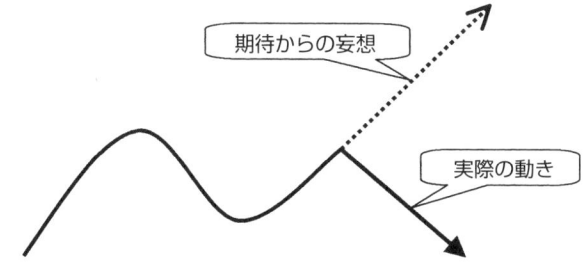

　大きな収益を求めるあまり、全体の経済の流れを考えないで、値幅の大きさばかりに注目する投資は、まさに欲のみの行動といえます。FX投資を始めたころに陥りやすい行動です。

Q10 FX投資を始めるのに必要なことは

Answer Point
♡FX投資を始めるには、FX取扱会社に専用口座が必要です。
♡投資タイミングを考え、専用口座を開設します。

♥専用口座の開設は

　株式投資を始めるのと同じで、FX取扱会社に専用の口座を開くことから始めます。FX投資はインターネット取引です。ネットに常時つながる環境は必要です。

　インターネットでFX取扱会社のホームページを開き、新規口座開設のページから口座開設申請を行います。

　本人確認のための身分証明書が必要です。パスポートや運転免許証が一般的ですが、健康保険証も大丈夫です。何が必要かは各FX取扱会社のホームページで確認できます。

　一般的に、携帯やデジカメで撮影し、ネット上から、あるいはeメールで即時に送ることができます。郵送も可能です。

　口座開設の際、過去の投資経験に答える項目があります。個人の金融資産総額や年収等、パーソナルな部分の質問もありますが、税務調査ではありませんので、気軽に答えるようにしましょう。

♥投資タイミングを考え、専用口座を開設しよう

　FX投資での取引は24時間可能です。場合によっては、夜中に大きく相場が動いて、緊急に資金が必要になることもあります。通常の生活口座を取引口座に使うのもよいのですが、できればインターネット口座の開設が望ましいでしょう。

　また、FX取扱会社ごとに、24時間、銀行の営業時間以外にも振込みができる銀行を設定しています。

　FX口座開設と同時に、即時入金可能な口座の開設をお勧めします。FX取引は夜中に大きく相場が動くことがありますから、瞬時に対応できる体制を整えておくことが大事です。

　FX口座開設には、郵送物の受取りも考え、約1週間かかります。銀行口座開設にも本人確認は必要です。

❶ FX投資ってなんのことだろう

Q11 外貨投資のリスクってなに

Answer Point
♡為替変動リスクは大きなリスクです。
♡手数料は大きなリスクです。

♥為替変動リスクの本当の意味は

為替リスクは、日本円からみれば、円安、円高になることで、円安想定で外貨を買っていて、逆の円高に振れたときには大きな損失を被ります。これが為替リスクですが、なぜそうなるのかが大事です。

つまり、為替の変動要因をよく理解しておくことが必要です。それでも為替の方向性は見誤ることがあります。政治的な駆け引き、為替操作、戦争や紛争、さらにヘッジファンドの動きなど、通常予期できないことで為替は大きく変動します。

詳しくは「❷為替・為替レートってなに」で説明しますが、為替の変動要因は多岐にわたっています。一般的にはその国の経済活動が活発であれば、その国の通貨は上昇（通貨高）になりますが、政策の関係で、貿易赤字を軽くするためにわざと通貨安に誘導することもあります。政府要人や中央銀行関係者などの発言でも大きく変動します。

為替は、プロでも予想通りにはいかないことが多い市場です。それゆえ、長く為替市場に滞在するのではなく、利益確定して、すぐに市場から逃げ出すことが大事です。

すべてではありませんが、為替市場は長期よりも短期トレードが良い市場といえるかもしれません。

【図表23 予想外の為替変動要因】

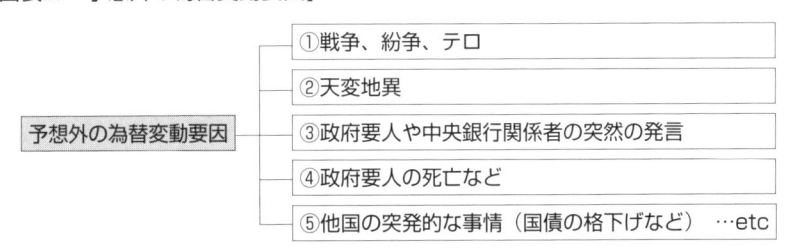

♥手数料やスプレッドは大きなリスク

　日本円を外貨に、あるいは外貨を日本円に換える際には、必ず手数料がかかります。投資において、最も警戒しなければならないのは手数料です。運用において手数料はコストです。コストは運用実績を食べてしまうおそれもあります。

　直接、手数料とは表現していませんが、FX投資では「スプレッド」(売買価格の開き)も大きなコストです。売買手数料は無料でも、スプレッドが大きいのは、それだけ手数料を大きくとっているのと同じと思うべきです。

　その通貨を売るときのレートは「BID」で、買うレートは「ASK」で表現されます。「BID－ASK」の幅を「スプレッド」といいます。

　通貨ごとにこのスプレッドは異なり、FX取扱会社ごとに同じ通貨取引でもスプレッドが異なります。

　当然、スプレッドの幅が小さいほうが、投資において効率的といえます。

【図表24　スプレッド（例）】

	BID	ASK	スプレッド
米ドル円	93.89円	93.90円	0.01円（1銭）
ユーロ円	120.64円	120.66円	0.02円（2銭）
豪ドル円	85.23円	85.26円	0.03円（3銭）
ポンド円	142.41円	142.45円	0.04円（4銭）
加ドル円	91.27円	91.31円	0.04円（4銭）

　たとえば、米ドルを買う投資の場合、1ドル＝93.90円で買うことになり、もし上記レートで売る場合は、1ドル＝93.89円で売ることになります。その場合、スプレッド分の1銭はすでに損をしていることになります。

　経済指標発表時などにより多くの人がFX投資取引をするので、上記のスプレッドが大きく開くことがあります。

　通常では「米ドル／円」のスプレッドは1銭ですが、たとえば、日本時間の21時30分にアメリカの雇用統計が発表されるとすると、その時点での投資参加者が増えますので、スプレッドがいきなり4銭とか8銭とかに開くことがあります。

　スプレッドの開き方は、FX取扱会社によって異なりますが、当然開きが小さいほうが投資には効率的といえます。

　また、クリックして「買う、売る」の手続をしても、取引が集中することで瞬時に「買う、売る」ができない場合があります。ご注意ください。

Q12 FX投資で失敗しないために知っておくべきことは

Answer Point
♡損失の原理を理解して収益を伸ばすように（利益を得るための投資）します。
♡常に勉強し、情報を得る努力を惜しまないことです。

♥利益を上げるには損失額を抑えること

「欲」は、大きく儲けたい、損をしたら絶対に取り戻すという感情からおこる行動に現れます。一般的に、その行動の結果は、損をすることが多いのです。

「欲」に打ち勝つためには、自分でルールを決めることです。これだけ利益が出れば必ず利益確定を行う、これだけ損をすれば必ず損失確定を行うというルールづくりが重要です。

儲けも欲張らないで、目標を達成すれば現金に換えることです。相場感が正しければ、その先でも必ず利益を得ることはできます。利益確定よりももっと大事なのが損失確定（ストップロス）です。

損をするということは、相場感が間違っていたということで、そのときは、いかに損失を限定する（最小限に抑える）ことができるかが大事です。

投資で勝つためには勉強や経験から損をする回数を抑え、損をしても損失額をどれだけ小さく抑えることができるかが勝敗の分かれ目となります。

【図表25　投資に勝つためには】

①負けを少なくする	負けることは仕方がありません。いかに負けの回数を抑えるかが勝つことです。先人の経験や自己の経験から学ぶことが大事です。
②負けても損失額を最小限にとどめる	ストップロスが重要です。

【図表26　利益目標とストップロス（例）】

USD/JPY
1ドル＝100.00円で「ドル買い」
　├─ 1ドル＝100.80円で決済（利益確定）
　└─ 1ドル＝99.50円で決済（ロスカットライン）

♥利益目標を立てよう

　投資はお金を殖やす（儲ける）ために行います。勉強のために投資を行うということは通常ありません。また、投資において、偶然儲かるというものではなく、儲けを取りに行く、積極的に投資に勝つ姿勢が大事です。

　なにごとも、積極的に勝ちにいくためには努力が必要です。それが勉強です。今までの投資家の経験則を学ぶのもよいでしょう。

　いつまでに投資額をどれくらい殖やすのか、毎月いくらの分配が出るように投資するのかなど、成果をイメージして、投資目標を具体的に立てるようにしましょう。

【図表27　投資成果は営業成績と同じ】

| 投資額を　　いつまでに　　いくらに　　殖やすのか |
| 毎月　　いくら　　の収益を得る |

♥投資スタンスを勘や思い込みで考えない

　Q8でも述べたように、思い込みや勘にだけ頼って投資をすると、大きく損をすることがあります。

　投資に勝つには「負け」を少なくし、儲ける（勝つ）ことをできるだけ確実にしていくことが大事です。

　そのためには、科学的根拠で投資スタンスを決めることが大事です。経済指標をチェックし、常にチャートを見るという癖をつけることです。新聞やニュースなど、常に情報をチェックすることも必要です。

【図表28　投資は努力が必要】

①勉強	(a)経済の基礎知識 ・為替の動きと株価の動きの連動性 ・商品先物と株価の連動性 ・経済指標の意味 ・先人の投資家の教え　　…etc.
②情報	(b)日々の経済動向、世界情勢 (c)政治家の発言、行動　　…etc.

　投資は勝つ確率を上げ、勝ったときの収益を伸ばすことで投資成果が決まります。それは負けを少なくすることにもつながります。そして負けたときの損失をできるだけ少なくすることで、勝ったときの収益を守ります。そのために投資環境、経済の動きや経験則を学ぶのです。

❷ 為替・為替レートってなに

Q13 為替ってなに

Answer Point
♡為替とは、一般的に外国為替を意味します。
♡為替レートは、国家間の経済力によって決まる交換レートです。

♥為替というのは

　為替とは、現金の輸送を伴わないで債務・債権を決済することです。

　為替の決裁には、手形や小切手が用いられ、今は銀行や郵便局口座の振替・払込みがその役目を行っています。中でも、海外とのお金のやり取りを外国為替といいますが、日常では、為替はこの外国為替取引のことを意味することが多いです。

　日本で流通しているのは日本円です。FX投資は外貨投資ですから、日本円を外貨に換える必要があります。つまり、この為替（外国為替）が重要になります。

【図表29　為替（外国為替）とは】

♥FX投資で重要な為替レートというのは

　海外とお金のやり取りをする際には、貨幣を交換しますが、国の経済力に違いがありますので、単に通貨を「1対1」で取引することはできません。そこに通貨の交換レート、為替レートが発生します。

　通貨の価値は、国の経済力により異なります。それは、金利（国の政策金利）にも表れますが、経済力の強い国の通貨は相対的に強くなります。

　それは通貨高と呼ばれます。通貨の価値は、常にもう一つの通貨との比較になります。これを「相対（あいたい）」といいます。

　たとえば、日本円と米ドルを比較して、アメリカの経済力が強ければ「米ドル高」となります。日本からだと円で投資しますので、「円安」と表現します。正確には「米ドル／円に対してドル高（円安）」となります。

【図表30 為替レート】

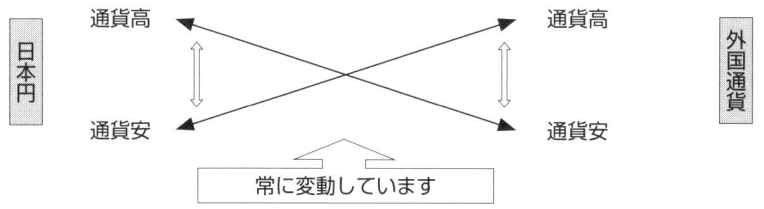

【図表31 経済力と為替レート】

	日本		対象国
経済力	強い	＞	弱い
通貨比較	通貨高	＞	通貨安

♥為替の基本は米ドル（USD）

　世界の基軸通貨は米ドルです。世界のお金の中心に米ドルが位置します。

　世界の経済ニュースで「株が売られた」「金が売られた」「原油が売られた」と報道されますが、これは株を売って米ドルを手にするということで、世界の金融取引はおおむね米ドルで行われます。

　したがって、世界経済におけるドル高と称するのは、日本円に対してのみをいっているのではありません。

　正確には、米ドルと日本円との関係も「円高」「円安」という日本側からの見方よりも、米ドルを中心とした「ドル安」「ドル高」と表現することが世界経済の流れを知るためにはわかりやすい考え方です。

　なるべく米ドルを中心とした表現に馴染むようにしましょう。

　為替の相場を見る際にも、米ドルを中心に考えられます。ドルの動きから日本円との動きを考えると、相場は比較的間違えないと思われます。

♥日本円の考え方は

　日本から投資を行いますので、当然利益の考えは日本円を中心に考えます。ただ、世界のお金の流れは米ドルを中心に動いています。世界の通貨が米ドルに対してどのような状況かから、日本円の状況を把握します。

　ドルが買われる、ドル通貨が高くなるということは、世界のお金は安心な資産に動いていると考えられます。米ドルは世界の基軸通貨だから安心とい

えるのでしょう。

　世界の経済状況が不安定になると、お金は安全な資産へと流れます。通貨では、米ドルが買われ、その先は日本円があります。したがって、日本円のポジションは米ドルの立ち位置によって決められます。

　今や日本円は世界三大通貨（米ドル、ユーロ、日本円）となっていますが、世界でも流通量は少なく、それゆえ、日本固有の要素で、日本円が高くなったり安くなったりもします。

　政治の問題や経済活動の規制などにより、日本円はその価値を上下させます。

♥強い通貨を買うのが基本

　FX投資では、強い国の通貨を買うのが基本です。日本よりも米国のほうが、経済状況が良ければ、米ドル買い（円売り）の投資が基本になります。

　FX投資では「売り」から入ることもできますので、将来的に経済が衰退すると思われる国の通貨を売ることで収益を得ることもできます。

【図表32　世界に基軸通貨は米ドル（USD）】

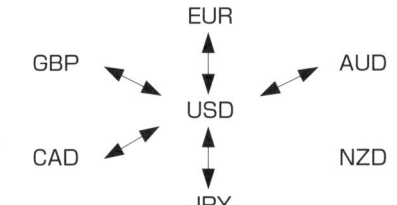

USD：米ドル
EUR：ユーロ
GBP：ポンド
CAD：カナダドル
JPY：日本円
NZD：ニュージーランドドル
AUD：オーストラリアドル

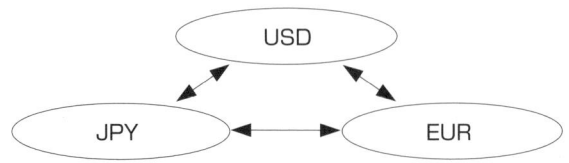

　世界の基軸通貨は米ドルですが、世界経済に大きな影響を及ぼすのは米ドルとユーロです。世界の通貨の動きは「ユーロ／米ドル」を中心にとらえるとよいでしょう。

　たとえば「ユーロ安／米ドル高」の場合は、ユーロが売られて米ドルが買われているということで、お金の流れは安全資産に向かっているといえます。

　他の通貨でもその流れをチェックする必要があります。

Q14 為替レートを動かす要因は

Answer Point
♡需給のバランスにより為替レートは変動します。
♡国の事情により為替レートは変動します。

♥需給バランスにより変動

　教科書通りでいえば、為替レートや株価の変動は、買う人が多ければその値段は上がり、売る人が多ければその値段は下がります。

　さまざまな人が市場に参加していますので、「買う・売る」はその参加者の都合、つまり投資家の心理により変動するということになります。

　投資家には、機関投資家や個人投資家などがいますので、それぞれの立場で事情は異なります。

　また、大きなお金の集団（ファンド）が動くと、為替相場は大きく変動します。特にヘッジファンドや投資ファンドの動きは大きく相場を動かします。

　当然、投資家は、収益を上げるために投資を行います。また逆に、損失を確定させるために、ロスカットなど反対売買が行われますので、大きく為替は動くこともあります。

【図表33　需給バランスによる為替レート変動】

　　　　　　　　　　円安　　　1ドル＝105円
　　　　　　　　　　　　　　　人気下落＝売手が多い
　　　　　　　　1ドル＝100円
人気上昇＝買手が多い
1ドル＝95円

【図表34　相場を動かす投資家】

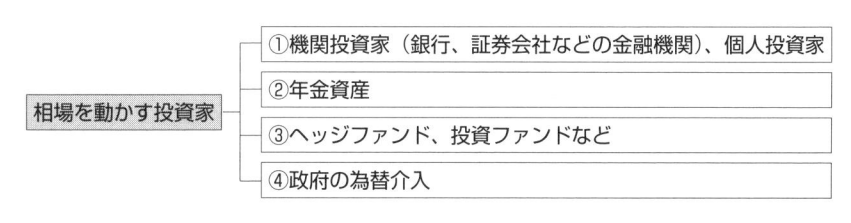

相場を動かす投資家
- ①機関投資家（銀行、証券会社などの金融機関）、個人投資家
- ②年金資産
- ③ヘッジファンド、投資ファンドなど
- ④政府の為替介入

♥投資家の都合とはなにか

　投資家の需給バランスで為替レートは変動しますが、「買う・売る」の行動は、投資家の都合によって行われます。

　機関投資家は、主に金融機関です。金融機関としての投資の事情があります。長期休暇の前には大きくポジションを持ちこせないとか、米ドル保有が必要とかの事情があります。

　個人投資家はスワップ狙いで、高金利通貨の買いポジションを持つ傾向にあるなどの特徴があります。ヘッジファンドなどの巨大なお金の集団は、たとえば、信用不安で売られた国の通貨に猛烈の売り仕掛けを行うなどして、大きな収益を狙います。

　また、システム・トレード（コンピュータによる自動売買）により、マーケットがある状態になったら自動的に売ったり買ったりするシステムで投資を行うグループもあります。

　これらを瞬時に察知するのは困難です。マーケットの状況を見て、それぞれの投資家の特性から推測するか、FX取扱会社提供の「ニュース」の項目でこまめに情報を確認することが必要です。

　企業が外国企業との決算のために、米ドルを調達する（世界の基軸通貨は米ドルゆえ、商売の代金は米ドルで支払う）ときには日本円を売って米ドルを買うという行動が起きやすいです。

　日本でいうところの「5・10日」は、銀行が米ドルを調達する必要がありますので、円安になりやすいといわれています。

【図表35　相場を動かす投資家の事情（例）】

投資家	相場を動かすポイント
①ヘッジファンド	相場が大きく動いたときに仕掛けてくる
②政府関連	相場が自国の経済に大きなダメージを与えるときの為替介入
③機関投資家	USドルが必要なときのドル買い 大型連休前のポジションの手仕舞い
④個人投資家	ロスカットでの反対売買、つまり、マーケット上昇時では買い持ちが多いので、ロスカット時は売られる
⑤日本企業	決算のための外貨売り（円に換えて本国に送金） 海外の取引先に支払うためのドルの調達

　個人投資家は「逆張り」の投資手法を好む傾向にあります。円高が進めば円安期待で外貨を買うというものです。また、ロスカットラインを「90円」とか「95円」という切りのいい数字に設定する傾向にもあります。

♥国の事情

ここまで何度も述べてきましたが、国の経済力の差で通貨の強弱が決まります。FX投資で収益を得るための基本は「強い国の通貨を保有し、弱い国の通貨を持たない」ということです。

「強い国」とは将来にわたって経済が成長していく（あるいは高いレベルで安定している）、政治が安定している国のことをいいます。

市場参加者は、金利やその国の経済の成長性、財政の健全性、戦争・テロなどの地政学的要因などを根拠に「強い国」を探してその国の通貨を保有します。

これとは逆に、「弱い国」になりそうな国の通貨は売られてしまうのです。FX投資では売りから始めることができますので、「弱い国」の通貨を売って収益を得るという方法も可能です

【図表36　経済力と為替レート変動（USD/JPYの例）】

	円高要因	円安要因
経済成長率（GDPの伸び）	日本の成長性が高い	米国の成長性が高い
国家財政の健全性	日本が米国より改善	米国が日本より改善
経済収支	米国の赤字拡大	日本の赤字拡大
金利（国債の利回り等）	日本の利上げ	米国の利上げ

注：上記の他に、政治の安定性、政府の市場介入、有事、災害などにより変動
　　世界経済の（アジア市場、欧州市場など）要素も加味される。

♥政治的な要素

為替政策は自国の経済を調整するのによく使われます。恣意的に自国の通貨の価値を下げることで、対外債務（貿易赤字）を軽くすることができます。

また、輸出で成り立っている国では、自国の通貨安は大歓迎です。為替介入で、行き過ぎた通貨の価値を政府が強引に戻すというやり方もありますが、国家間の駆け引き、ネゴシエーションなどで、自国の通貨の価値を誘導する動きもあります。

通貨安は、その国の財産の価値を高めることになります。貿易を考えるとわかりますが、貿易相手国よりも通貨安だと、モノの値段は安くなるので輸出には有利です。経済の立直しには通貨安誘導策がとられます。

為替は非常に情報が取りづらいマーケットです。特に、アメリカは世界の基軸通貨保有国ですから、アメリカの経済事情が大きく世界経済に影響を与えることがあります。

♥世界情勢と為替

　為替は、国家間の通貨の交換ですから、経済状況が良い悪いかで大きく動きます。つまり、少しでもその国の金融に対する不安や、経済の成長性が鈍いということになると、その国の通貨は売られる傾向にあります。

　たとえば、リーマンショック後のアメリカであり、ギリシャ問題を抱えたヨーロッパがそうです。ユーロ／円では、ユーロが大きく売られ、日本円が買われる「ユーロ安／円高」という状況が生まれます。

　日本の円が高くなる理由はなくても、あくまでも通貨は相対で取引されますので、どちらか一方の事情の影響が大きければ、そちらにひっぱられるとことになります。

　たとえば、日本の経済状況がよくなくても、それ以上にヨーロッパの金融不安が深刻なのでユーロが安くなり、その結果、円高ということになります。

　「政治的な要素」でも説明しましたが、リーマンショック後の経済状況の悪化を立て直すには、通貨を政治的に使うことはよくあります。

　つまり、ユーロ安政策により、わざとユーロを安くすることで貿易では有利になり、ユーロ圏内の国々の財務を良くするという施策が取られます。アメリカでも、ドル安政策により、アメリカの貿易を有利にさせて、アメリカの財政を立て直すことができます。

　政治や中央銀行が行う為替介入も、為替のポジションを優位に保つための手段です。

　このように、為替の変動は政治的要素が大きくなるので、FX投資では、なるべく、利益をとったらすぐに市場から出ていくのが得策といえます。FX投資は、為替の変動の特性からみても、長期投資よりかは短期投資に向いていると思われます。

♥投機筋の動きに注意

　ヘッジファンドと呼ばれる投機筋が、前述の金融不安による通貨安状況に乗じて、大きな資金でわざと「売り」ポジションを膨らませて、強引に通貨を下げさせ、利益を得るという手法をとることがあります。

　個人投資家にすれば、この投機筋の動きは事前に察知することは難しく、マーケットの大きな変動に巻き込まれることがあります。

　FX投資では、通貨の売買の資金以外の現金を多く入れておき、証拠金維持率を高めておくことが、為替変動に対する防御策となります。

Q15 円高・円安の意味・動くときの要因は

Answer Point
♡円高局面では外貨売り、円安局面では外貨買いが基本です。
♡FX投資では、「買い」「売り」の両方から投資することができます。

♥投資における「円高」「円安」

　日本でFX投資を行うのですから、当然日本円で投資します。日本円で外貨を買ったり売ったりし、換金するときも日本円に戻すことになります。

　したがって、日本円に戻すことで有利になるのは、将来円安になる局面で外貨を買う、将来円高になる局面で外貨を売るという投資が、収益を得ることになります。

【図表37　投資における円高・円安（USD/JPYの例）】

　　　　　　　　　　日本円1ドル＝105円
　　　　　　　　　　　　投資スタイルは外貨の買い
　　　　　　　　　円安
１ドルに対して５円の収益　　日本円1ドル＝100円
（税・手数料考慮せず）
　　　　　　　　　　　　投資スタイルは外貨の売り
　　　　　　　　　円高
　　　　　　　　　　日本円1ドル＝95円

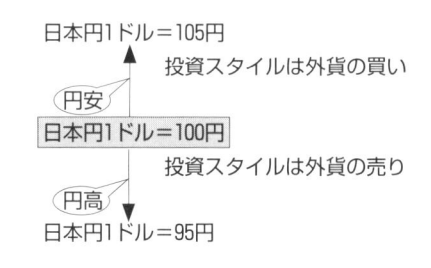

【図表38　「売り」のイメージ】

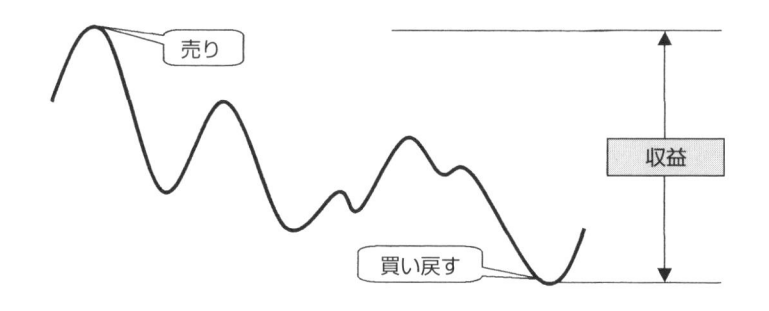

（売り／買い戻す／収益のイメージ図）

♥円高・円安に動くときは

　もともと日本の経済構造上、円高になりやすくなっています。日本国内は円でしか物を売ったり買ったりできません。外貨を保有していれば、それを日本円に換えなければなりません。

　「外貨売り円買い」は、円高要因になります。企業の海外での収益を日本本社に送金するときも、「外貨売り円買い」ということになります。それゆえ、日本の決算月は円高になりやすくなっています。

　国の経済が強いと、その国の通貨は買われます。定期的に発表されている、その国の経済指標の発表結果により、為替は大きく変動します。

　たとえば「米ドル／日本円」の場合、アメリカの雇用統計が良い結果であれば、ドルが買われ円が売られます。逆に、雇用統計が市場予想よりも悪い結果であれば、ドルは売られ円が買われます。重要な経済指標の発表のときは、瞬時に大きく為替は動きます。

　アメリカやヨーロッパ経済の経済状況が悪ければ、その反動で日本円が世界的に買われるようになります。

　リーマンショック後の円高がまさにそれで、三大通貨（USD・EUR・JPY）の中で、日本円は安全通貨に位置づけられ、世界株安、金融不安など、世界の投資家がリスクを取れなくなったときには日本円は世界的に買われる傾向にありました。

【図表39　重要な経済指標】

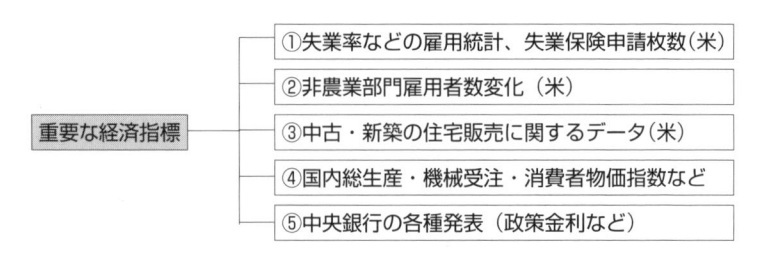

重要な経済指標
- ①失業率などの雇用統計、失業保険申請枚数（米）
- ②非農業部門雇用者数変化（米）
- ③中古・新築の住宅販売に関するデータ（米）
- ④国内総生産・機械受注・消費者物価指数など
- ⑤中央銀行の各種発表（政策金利など）

【図表40　世界経済事情と日本円】

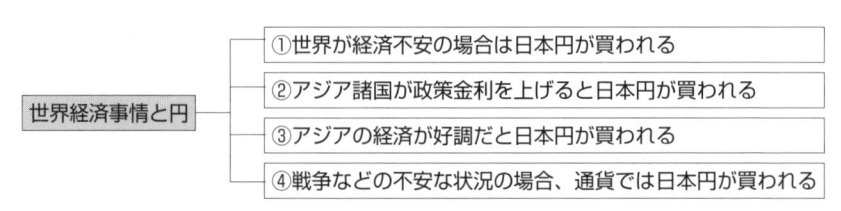

世界経済事情と円
- ①世界が経済不安の場合は日本円が買われる
- ②アジア諸国が政策金利を上げると日本円が買われる
- ③アジアの経済が好調だと日本円が買われる
- ④戦争などの不安な状況の場合、通貨では日本円が買われる

注：以上はあくまでも傾向で、必ずこうなるとは限りません。

Q16 為替変動にみられる特徴は

Answer Point
♡為替相場の動きに法則のようなものはありません。
♡為替市場参加者（投資家）の心理から推測します。
♡経済の動きから予測します。

♥相場に決まった法則はない

　相場は生き物です。刻々とその様子を変えていきます。その動きに法則のようなものはありません。
　ただ、「アノマリー」と呼ばれる、はっきりした理論的根拠を持つわけではありませんが、よく当たるとされる経験則のようなものはあります。
　以下、いくつかの「アノマリー」を紹介しますが、必ずそうなるというものではないことに、留意してください。

♥5・10日は USD／JPY では円安傾向にある？

　日本の商慣習で、5日、10日と、5の倍数の日に商取引での精算をする習慣があります。5・10日には道が混むという話は聞いたことがあるでしょう。
　さらに月末、特に中間決算月（多くは9月）、決算月（多くは3月）末日は、大きなお金が必要になります。
　海外取引の場合、支払いは米ドルが多いようで、該当日にはドルの必要性が高まります。銀行がドルを調達するから、5・10日や月末などの午前10時までに円安になる傾向があるといわれています。
　逆に、3月20日頃までは、本決算企業が多く、機関投資家は本国に円を戻す「レパトリエーション」の傾向が強く、円高に向かう傾向にあるといわれています。
　3月は20日頃までは円高、それを過ぎれば月末まで円安傾向かもしれません（必ずそうなるとは限りません）。

♥1月の為替の動向が年間の為替の動きを決める？

　1月末に向けて円高に動いたら、「年始→年末」の傾向は円高、逆なら円安ということがまま見られるといいます。

投資家心理の問題で、年始、著名人が円高と発言したら円安、円安と発言したら円高に向かうと、発言とは逆に触れることがあるともいわれています。

♥日本特有の休日に関するアノマリー

5月のゴールデンウィーク第1週と連休明けは、反転することがあるといわれています。「円高→円安」「円安→円高」となるようですが、確実ではありません。

8月のお盆休みは、どちらかというと円高傾向にあるといわれています。日本の関係者の取引が休みであること、特に日本の機関投資家は、大型連休の前はポジションを手仕舞うことが多く、外貨投資も控える傾向にあります。

逆に、クリスマスは、海外の関係者が休日のところが多く、クリスマス明けは波乱が多いともいわれています。

♥イベントに関するアノマリー

アメリカ大統領選挙の年と翌年は、ドル高円安傾向にあるといわれています。大統領への期待によるドル買いでしょうか。

逆に中間選挙の年は、景気対策の一環で輸出企業を助ける政策によりドル安になるともいわれています。

♥月の満ち欠けとの関係

月の満ち欠けが相場に影響するということもよくいわれます。新月や満月に相場が転換しやすいといわれています。過去の為替の動きと月の満ち欠けを調べるのも参考になるでしょう。

人間の体内リズムと月の関係、交通事故と月の満ち欠けの関係など、月には不思議な力があるのでしょうか。

❷ ♥為替相場を予測することはできない

相場は生き物です。儲けたいという投資家の思いが交錯している場であり、政府が自国経済を有利に導くための道具として為替操作を行う場でもあります。

突然のニュース、騒乱やテロ、天変地異、政局、要人の発言など、予想できないことで大きく姿を変えてくるのが相場です。

相場は予想できない場所ですから、長く滞在するのは得策とはいえません。利益がでればすぐに退場することを基本と考えるのがよいでしょう。

❸ FX投資を扱う会社はどこがいい

```
         私たち投資家              決算価格
  相対取引
     FX取扱会社（業者）              ⇅
     ⇅ ⇅ ⇅ ⇅ ⇅
     外国為替市場（インターバンク市場）
```

Q17 FX投資を扱う会社ってどういう会社

Answer Point
♡FX投資は、証券会社などのFX取扱会社が取り扱います。
♡FX投資は、FX取扱会社と私たち投資家との2者間の相対取引で行います。
♡FX取扱会社は、金融庁の監督のもと、FX取引を行います。

♥FX取扱会社（業者）というのは

　FX投資は、外貨の売買による差益や、金利差による収益（スワップポイント）を得る取引ですが、私たち投資家が直接、外国為替市場でお金のやり取りをするわけではありません。あくまでも、取引により生じる差金（決済金）のやり取りだけを行う証拠金取引です。

　実際の外国為替取引は、世界的な規模で、銀行同士がお金のやり取りを行います。ここは銀行等しか参加できない「インターバンク市場」といわれているところです。

　当然、私たち投資家はインターバンク市場に参加することはできません。その外国為替取引に参入する仲介（橋渡し役）をするのがFX取扱会社（業者）です。

　私たち投資家は、FX取扱会社（業者）を介することによってはじめて外国為替取引が可能となるのです。

　FX取扱会社（業者）は、証券会社であったり、商品先物取引会社、ブローカーの個人向けサービスであったりさまざまです。

【図表41　FX取扱会社（業者）のイメージ】

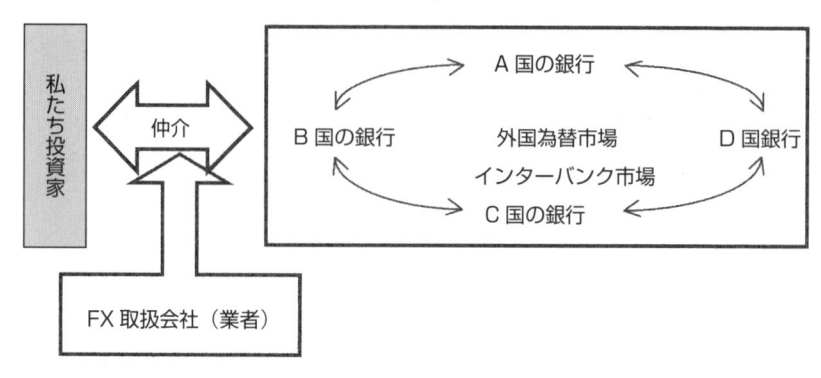

♥FX取扱会社との取引というのは

　前述のとおり、私たち投資家は直接が外国為替市場でトレードを行うわけではありません。インターバンク市場と仲介するFX取引会社（業者）との間で取引を行います。

　私たち投資家とFX取扱会社（業者）との2者の間で取引を行うことを「相対取引（あいたい）」といいます。

【図表42　FX取扱会社（業者）との相対取引】

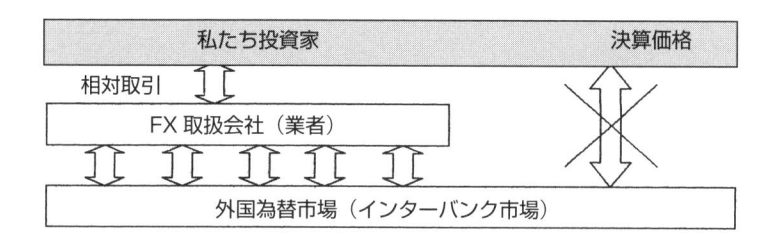

```
┌────────────────────────────────┬──────────────┐
│        私たち投資家            │   決算価格   │
└────────────────────────────────┴──────────────┘
   相対取引 ⇅                         ⇕
┌────────────────────────────────┐
│      FX取扱会社（業者）         │
└────────────────────────────────┘
   ⇅    ⇅    ⇅    ⇅    ⇅
┌────────────────────────────────┐
│  外国為替市場（インターバンク市場）│
└────────────────────────────────┘
```

♥FX取扱会社（業者）それぞれで取引レートを決める

　実際に為替取引を行う際には、そのときの為替レートで取引を行いますが、私たち投資家は直接インターバンク市場で取引を行うわけではありませんので、FX取扱会社（業者）のレートで取引を行います。

　それゆえ、インターバンク市場での取引レートと実際にFX取引のレートには時間差と価格差があります。

　インターバンク市場で実際にトレードされている時間とFX取扱会社（業者）が私たち投資家に提示するレート表示のタイミングとは時間のズレが生じます。

　取扱いレートや表示タイミングは、FX取扱会社（業者）によって異なります。

【図表43　FX取扱会社（業者）の取引レート】

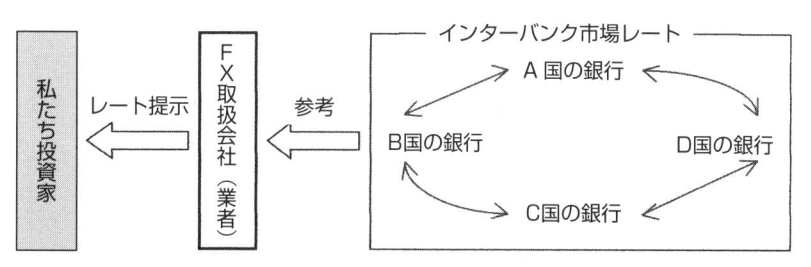

```
                                    ─── インターバンク市場レート ───
┌──────┐ レート提示 ┌──────────┐ 参考  ┌──────────────────────────┐
│私たち│ ←──────── │FX取扱会社│ ←──── │    A国の銀行             │
│投資家│           │（業者）  │       │  ↗        ↘            │
└──────┘           └──────────┘       │B国の銀行  ⇄  D国の銀行   │
                                      │  ↘        ↗            │
                                      │    C国の銀行             │
                                      └──────────────────────────┘
```

Q18 FX投資を扱う会社(業者)の手数料は

Answer Point
♡外貨を売ったり買ったりするときにかかる取引手数料は、FX投資の場合は、FX取扱会社によって異なりますが、無料の場合が多いです。
♡取引時に売買手数料がかかる場合があります。
♡FX取扱会社(業者)の手数料としては、取引上のスプレッド、スワップ、約定拒否(ディーラーズチェック)があります。

♥取引手数料は無料の場合が多い

　外貨を売ったり買ったりするときにかかる手数料が取引手数料で、外貨預金の場合は、円から外貨へ、外貨から円に換えるときに発生します。
　FX投資の場合は、FX取扱会社によって異なりますが、多くはこの取引手数料は無料の場合が多いです。
　取引内容や通貨の取引量などによっても異なる場合があります。たとえば、デイトレード(その日のうちに注文→決済する取引)の場合は手数料無料、1万通貨以上の取引量であれば無料、1,000通貨単位の取引なら1回につき数10～100円程度の取引手数料が必要といった感じです。
　外貨預金の場合、往復手数料は「(取引通貨量)×1円程度」が一般的ですが、FX投資ならば、この取引手数料「0円」のところがあるということです。

♥スプレッドというのは

　スプレッドとは、売値と買値の金額の開きのことで、これもFX取扱会社(業者)の手数料と考えられます。当然開きが小さいほうが投資家にとっては有利です。相場の状況や時間帯などでスプレッドが広がったり変動したりする場合もあります。
　図表44では、スプレッド(売値と買値の幅)は0.02円(2銭)となります。

【図表44　スプレッド】

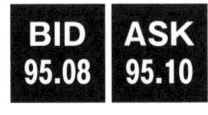

BID	ASK
95.08	95.10

この場合、スプレッドは2銭です。

たとえば、取引画面で図表44のような表示の場合、左のBIDが「売値」で、右のASKが「買値」となり、スプレッドは2銭（0.02円）となります。

FX取扱会社によっては、BIDではなく「SELL」、ASKではなく「OFFER」と表記される場合があります。

このスプレッドは、一般的には、取引する通貨によって異なります。米ドル取引の場合と豪ドル取引の場合、カナダドル取引の場合などで、スプレッドは異なります。

このスプレッドは、経済指標発表時の売買が激しいときには大きくなることがあります。FX取扱会社によって、スプレッドが変動するかどうかや、その変動幅は異なります。

♥約定拒否（ディーラーズチェック）とスリップページ（スリッページ）

大事なのは売買注文の価格で約定することです。経済指標発表時など、売買が集中するときには、約定拒否やスリップページが生じることがあります。

約定拒否（ディーラーズチェック）は、その取引が操作できなくなり、再度、注文の出し直しとなり、もくろんでいた価格では約定できなくなります。

スリップページ（スリッページ）とは、売買したい価格で注文を出したのに、その指定したレートよりも若干不利なほうにずれて約定してしまうことで、そのずれそのものを指します。

FX取扱会社（業者）によっては、「スリッページ±3銭」などと表示していたり、数値を選べたりできるところもあります。スリップページ自体発生しない会社もあります。

約定拒否の有無やスリップページに関しては、事前に直接FX取扱会社に確認しておくことが大事です。

♥スワップポイント（スワップ金利）

買いポジションで数日持ち続けた場合、スワップポイント（スワップ金利）が発生して受け取ることがありますが、売りポジションで持ち続けた場合、逆に、スワップポイントを支払うことになります。

これも、収益を圧縮する要因で手数料と考えたほうがよいでしょう。

スワップポイントは、取引する通貨ごとに異なります。また、スワップポイントが発生するタイミングもFX取扱会社により異なります。

Q19 FX投資を扱う会社（業者）の選び方は

Answer Point
♡取扱画面の使いやすさで選びます。
♡取扱手数料を考えて選びます。

♥インターネット上での取引画面の使いやすさで選ぶ

　FX投資はインターネットで行う取引です。FX取扱会社（業者）は、それぞれインターネットでの取引画面に特長があります。

　マウスによるクリックにより取引が確定しますので、その画面の見やすさ、使いやすさが重要になります。人によってその感じ方は異なります。

　各会社のホームページに「デモ画面」があります。まずは、試しにデモ画面を操作して感触を確かめてください。

♥いざというときの電話対応で決める

　インターネット取引の場合、パソコンが停止してしまうことも考えられます。そのときのために電話で対応できるようになっています。いざというときに電話の対応が十分でなければ、大きな損失につながりかねません。

　口座を開設したときに、24時間対応の電話番号が記載されています。直接質問をしてみるなどして、電話の対応を確かめてください。

♥取扱手数料を考慮して決める

　Q18でも説明したとおり、FX投資では、手数料が発生する場合があり、これは収益を圧迫することもあります。項目ごとに直接電話で確認するのがよいでしょ。

【図表45　取扱手数料での業者比較】

```
                          ┌─ ①スプレッドの金額比較
取扱手数料での業者比較 ─────┼─ ②売買注文数による手数料の有無
                          └─ ③約定停止やスリップページの状況調査
                               （経験者に聞くのがよい）
```

❸ FX投資を扱う会社はどこがいい

Q20 FX投資を扱う会社（業者）と取引を始めるには

Answer Point
♡ホームページ「口座開設」から直接あるいは資料請求後、申し込みます。
♡「デイトレ口座」と「レギュラー口座」があるところもあります。

♥FX取扱会社（業者）のホームページから申し込む

　FX投資を行うには、外国為替市場（インターバンク市場）との仲介を行う会社（業者）に、専用口座を開設する必要があります。口座開設は無料です。

　また、銀行と同じで、FX取扱会社（業者）は1社だけに絞る必要はありません。

　まずは、いろんなFX取扱会社（業者）を試してみて、自分の取引スタイルにあったサービスを提供してくれるFX取扱会社（業者）を見つけましょう。

【図表46　口座開設に必要な書類】

口座開設に必要な書類
- ①FX取扱会社（業者）から送られる申込書類
- ②本人確認書（運転免許証・パスポート・健康保険証など）海外の会社で口座を開く場合はパスポートに限られる場合があります。

【図表47　口座開設の時間の流れ】

FX取扱会社ホームページ「口座開設」をクリック、必要事項の記入
↓
- 後日、輸送された書類に記入、捺印 本人確認書を添えて返信
- Web上で書類作成、本人確認書はデータで送付か郵送

↓
審査後、取引用ID、パスワードを後日自宅に郵送
取引開始まで約2週間

♥口座の種類「レギュラー口座」と「デイトレ口座」

　FX取扱会社（業者）によっては2種類の口座があります（1種類しかないところもあります）。一般的には「レギュラー口座」と「デイトレ口座」と呼ばれるものです（表現は会社によって異なります）。

　レギュラー口座とは、少しポジションを長めに持つ人向けのもので、日付をまたいでポジションを保有したら、スワップポイントが発生しますが、決済の際の手数料がかかる口座です（無料の会社もあります）。

　デイトレ口座は、その日中（たとえば朝の6時から翌朝の5時の間）に決済した場合は、決済時の手数料は無料ですが、翌日に持ち込んだ場合は手数料が発生するという口座です（無料の会社もあります）。レギュラー口座と取引レバレッジに差をつけているところもあります。

　デイトレ口座では、スワップポイントは発生しません。

♥資金の振込みで取引開始

　IDとパスワードが届いたら、いよいよ取引開始です。投資資金の振込口座が同封されています。前述のレギュラー口座とデイトレ口座で振込先が異なりますので、注意してください。

　振込時間は、通常の銀行での取引と同じですから、午前9時から午後3時までとなりますが、FX取引は24時間可能ですから、夜中に急に資金が必要になるときがあります。

　そのために、FX取扱会社（業者）では、インターネット上から通常の銀行業務時間外でも振り込むことが可能な金融機関を指定しています。

　銀行を選ぶのも注意が必要です。

♥収益の受取りは

　取引において収益が発生し、それを受け取る場合は、画面上で「出金依頼」のメニューから手続を行います。初回の出金時には通常よりも時間がかかる場合もあります。

　また、出金金額により、本人確認等、受け取る金融機関によっては新たな手続が必要な場合があります。使途が決まっている出金の場合は余裕をもって操作したほうがよいです。

　海外のFX取扱会社（業者）の場合は、外貨での決済となりますので、出金には手間と時間がかかることがあります。

　収益は金額によって課税されます。確定申告が必要です（詳細は❽参照）。

Q21 悪徳業者か否かを確認する方法は

Answer Point
♡FX取扱会社（業者）の情報を必ず入手しましょう。
♡業者の株主構成まで調べましょう。

♥FX取扱会社（業者）にはまだ悪徳業者が存在する

　2005年7月に金融先物（商品）取引法が改正され、新たに外国為替証拠金取引（FX）会社（業者）に法規制がなされました。直接勧誘や電話勧誘が禁止となり、悪徳業者はその数を大きく減らしましたが、中には悪徳と呼ばれる業者はまだ存在します。

　FX取扱会社（業者）は、証券会社、商品取引会社、短資・商社系、投資顧問会社、異業種系、独立系と分類できます。有名な会社だからと安心しないで、株主構成もチェックすることも大事です。

【図表48　業者のチェックポイント】

□金融庁に登録されているか（金融庁のホームページで確認）
□勧誘はしない（電話での勧誘は禁止）
□資金管理はしっかりしているか
□株主構成はどうなっているか
□財務状態は万全か（自己資本比率は120％以上）
□「売値」「買値」を同時に明示していない会社はダメ
□「必ず儲かる」「損失は補てん」―これはダメ

♥怪しいアンケートに注意

　「回答するだけで〇〇円プレゼント」などのキャッチフレーズで個人情報を入手し、本人の知らないうちにFX取扱会社（業者）で口座を開き、FX取扱会社（業者）から奨励金を手にするという手口があります。

　アフィリエイト手数料狙いの手口のようで、むやみに個人情報を送らない、運転免許証のコピー等を送らないようにしましょう。

　いつの時代も、悪徳業者はその手法を変えて存在するようです。それも投資家の欲がある以上、被害者はなくならないのでしょう。FX投資に限らず、元本を保証しますなどの「おいしい」話には注意しましょう。

Q22 FX取扱会社(業者)との付き合い方は

Answer Point
♡複数のFX取扱会社(業者)に口座を持ちましょう。
♡店頭FXと取引所FXの両方の口座を持ちましょう。
♡口座を開設するだけで情報を得ることができます。

♥複数のFX取扱会社の口座を開こう

　口座を開くだけだと無料です。複数の会社の口座を持つことにコストはかかりません。

　会社によって取扱画面が異なり、また、会社ごとに投資分析ツールも異なります。投資に必要なニュースも提供しています。こまめにチェックすることは大事です

　それぞれの会社に専属の相場を解説する人がいます。各社のコメントを読み比べて、全体の相場を探るのもよいでしょう。また、無料セミナーもそれぞれで開催していますので、それぞれに参加することもできます。

　いくつかの情報ツールを使って、自分で使いやすいところや、情報量の多いところを探すなど、複数のFX取扱会社(業者)のそれぞれの特徴を理解してうまく利用するようにしましょう。

　複数の取引ツールを立ち上げ、それぞれ別のテクニカル指標を表示するのもいいですし、別々の通貨ペアを表示するのもよいでしょう。

　その際、ユーロ／ドルのチャートは立ち上げておくと、全体の流れがわかると思います。

　FX取扱会社(業者)によってスワップポイントの発生の仕方も異なります。若干ですが、レートが変わる瞬間も、微妙にずれたりもします。

♥店頭FXと取引所FXの両方の口座を開設

　❹で、それぞれの特徴は詳しく説明しますが、税制面でも大きな違いがあります。たとえば、店頭FXは取扱通貨が豊富で、取引所FXは税制面で有利です。同じFX取扱会社(業者)で、両方扱っているところもあります。

　どちらも、口座を開くのは無料です。その時々で、投資するFX取扱会社(業者)を変えるなど、分散しておくのもよいでしょう。

❹ FX取引の種類は

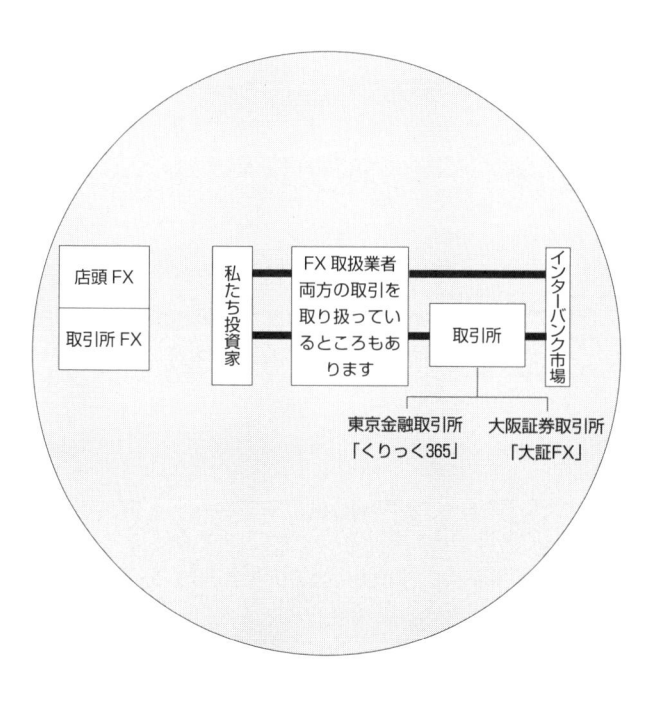

```
┌─────────┐
│ 店頭FX   │
└─────────┘              ┌──────────────┐                  ┌──────┐
                  私 │ FX取扱業者   │                  │イ    │
┌─────────┐      た │ 両方の取引を │                  │ン    │
│ 取引所FX │      ち │ 取り扱ってい │      ┌──────┐   │タ市  │
└─────────┘      投 │ るところもあ │──────│取引所│───│ー場  │
                  資 │ ります       │      └──────┘   │バ    │
                  家 └──────────────┘          │       │ン    │
                                                │       │ク    │
                                                │       └──────┘
                                    ┌───────────┴───────────┐
                              東京金融取引所          大阪証券取引所
                              「くりっく365」           「大証FX」
```

Q23 店頭FX・取引所FXってなに

Answer Point
♡くりっく365と大証FXが取引所FXです。
♡店頭FXとは、上記の2つ以外のものをいいます。

♥2つのFX取引
　FX取引を行う際に投資家は、通貨取引を行っているインターバンク市場の仲介をどこに頼むかによって、店頭FXか取引所FXかを決めます。
　一般の業者（証券会社等）が仲介するのが店頭FX、取引所が仲介するのが取引所FXになります。
　どちらも、私たち投資家と仲介業者との1対1の相対取引であることは同じです。

【図表49　2つのFX取引】

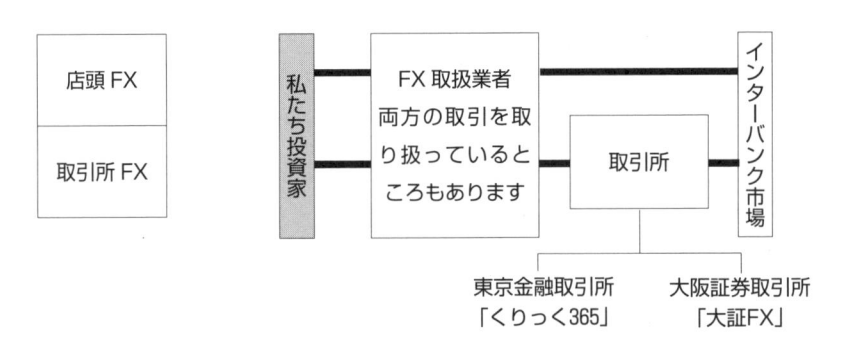

```
┌─────────┐      ┌─────────┐                    ┌──┐
│  店頭FX  │      │          │   FX取扱業者     │イ│
├─────────┤  私  │          │  両方の取引を取  │ン│
│          │  た  │          │  り扱っていると  │タ│  ┌──────┐  │ー│
│ 取引所FX │  ち  │          │  ころもあります  │  │  │取引所│  │バ│
│          │  投  │          │                  │──┤  └──────┤  │ン│
│          │  資  │          │                  │  │          │  │ク│
│          │  家  │          │                  │  │          │  │市│
└─────────┘      └─────────┘                    │  │          │  │場│
                                                                  └──┘
                                        東京金融取引所    大阪証券取引所
                                        「くりっく365」    「大証FX」
```

♥店頭FXと取引所FXの違いは
　2つのFX取引の一番の大きな違いは税制面です。
　店頭FXは総合課税方式で、税率は累進課税で最大50％になります。
　これに対して取引所FXは、申告分離課税方式で、税率は一律20％です。
　また、店頭FXでは、株式先物・商品先物等との損益通算や損失の翌年度以降への繰越を行うことができませんが、取引所FXでは認められています。
（詳しくは❽を参照）
　スワップポイントにも違いがあります。店頭FXは支払いと受取りの際の額に差がありますが、取引所FXでは同額になっています。

❹FX取引の種類は

【図表51　税金の優位性は】

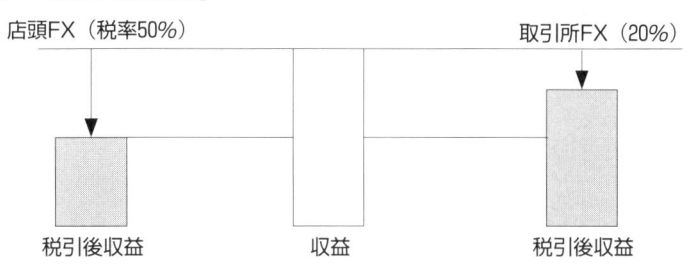

店頭FX（税率50%）　　　　　　　　　取引所FX（20%）

　　　税引後収益　　　　　収益　　　　　税引後収益

【図表50　店頭FXと取引所FXの比較】

	店頭FX	取引所FX
①税制	総合課税	分離課税
②損失繰越	不可	可（3年）
③税率	15〜50%	20%（一律）
④証拠金	信託保全 銀行預金 カバー取引先への信託	取引所に預託
⑤取扱通貨	少ない	多い
⑥スワップポイント	支払いと受取りの額が違う	支払いと受取りの額が同額
⑦手数料	店頭FX　＜　取引所FX ＊店頭FXは無料が多く、取引所FXは数十円から数百円かかります。また、取引所FXでは、決済時のみ手数料をかけるところもあります。	

　店頭FXでは業者の手数料がかかるので、支払いと受取りで金額が異なります。取引所FXでは、スワップ金利の支払いと受取りの際に手数料は発生しません。

　取引を行う証拠金の保管方法も異なります。店頭FXでの取扱業者は、信託保全以外に銀行預金も認められています。信託保全以外の場合、FX取扱会社（業者）が破綻したときに保証金は戻ってこない可能性があります。

　取引所FXでは、全額を取引所に預託する義務があり、預託された証拠金は取引所により分別保管されます。そのため、万一FX取扱会社（業者）が破綻した場合でも、取引所に預託された証拠金は原則として全額返却されます。

　取扱商品に関して、取引所FXは商品仕様が取引所によって決められるため、扱っているFX取扱会社（業者）による差はありません。

　これに対して店頭FXでは商品設計の自由度が高いため、取り扱う通貨ペアの数、取引コスト、取引証拠金の額などにおいては店頭FXのほうが有利

となる場合が多いといえます。

　FX取扱会社（業者）の数からいうと、今のところ店頭FXのほうがはるかに多い状況となっています。

♥店頭FXと取引所FXの選び方は

　税金面を考えると、取引所FXのほうが有利のようです。投資において税金は収益に直接影響するものです。多くの収益を得たときほどその効果は大きくなります。

　ただ、取引所FXは、店頭FXよりも取扱通貨が少ないこと、店頭FXよりもコストが高いというデメリットもあります。

　デイトレーディングのように頻繁に売買を行うなら、たとえば手数料無料の店頭FXがよいでしょう。

【図表52　手数料の優位性は】

店頭FXのトレード（手数料無料）

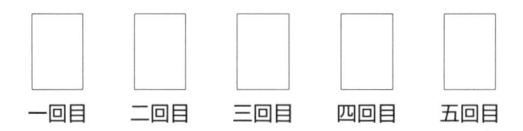

一回目　二回目　三回目　四回目　五回目

取引所FXのトレード（手数料あり）

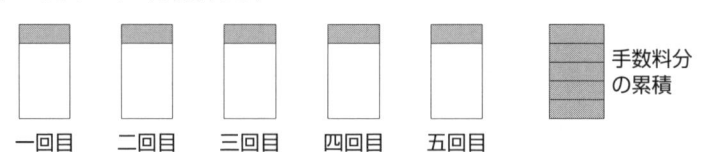

一回目　二回目　三回目　四回目　五回目

手数料分の累積

　今までは、取引所FXよりも店頭FXのほうが、レバレッジが高く、少ない元手で高収益を狙うような投資家は、店頭FXで口座を開く場合が多く、税制面で有利な取引所FXが、思ったほど口座数が伸びませんでした。

　ところが、金融庁のレバレッジ規制で、取引所FXと店頭FXではレバレッジ面では、さほど差がなくなってきました。まだまだ手数料面で店頭FXのほうが有利ですが、今後、取引所FXも改善されてくると、税制面の有利は、取引所FXの口座拡大には大きなメリットになるでしょう。

　店頭FX取扱会社（業者）でも、取引所FXを取り扱うところも増えてきています。同じ会社で、両方のFX取引ができるようにもなっています。もちろん複数の口座（開設は無料）を持つことは何の問題もありません。

❹FX取引の種類は

Q24 くりっく365・大証FXってなに

Answer Point
♡くりっく365は、東京金融取引所で取り扱っています。
♡大証FXは、大阪証券取引所で取り扱っています。

♥くりっく365と大証FXの申込方法は

通常のFX取引と同様、FX取引を行っている証券会社等で申し込みます。

今までの店頭FX申込みの場合、単にFX口座開設と表記されているコマンドから申込作業を行います。

取引所FX申込みの場合、同じページ内にクリック365あるいは大証FXと表記されたコマンドがあり、そこから申込作業を行います。

同じ証券会社でも、店頭FXと取引所FXの申し込むコマンドが異なりますのでご注意ください。

実施に必要な書類等はどちらも全く同じです（Q20参照）

♥くりっく365と大証FXの違いは

同じ取引所FXでも、その特徴は少し異なります。また、くりっく365や大証FXを取り扱っている会社も異なります。

【図表53　くりっく365と大証FXの比較（2010年9月末現在）】

	大証FX	くりっく365
①通貨ペア	9通貨ペア	23通貨ペア
②約定方式	オークション方式+マーケットメイカー制度（Q25）	マーケットメイカー制度（Q25）
③注文の種類	成行、指値、トリガ成行、トリガ指値、指値成行、FAK、FAS、FOK、ベストレート注文、リミテッドマーケット注文	成行、指値、ストリーミング、トリガ成行

大証FXの場合、今までのFX取引とは異なる取引方法を用いています。詳細はQ29で詳しく説明しています。どちらもデモ取引画面を用いるなどして、事前に使いやすさをチェックしてください。

Q25 約定方法：マーケットメイカー方式・オークション方式ってなに

Answer Point
♡くりっく365は、マーケットメイカー方式です。
♡大証FXは、両方合体の方式をとっています（Q24参照）。

♥マーケットメイカー方式というのは

　マーケットメイカーとは、マーケットメイカー方式において値付を行い、常に売り気配及び買い気配を提示して投資家の注文に応じる証券会社のことをいいます。

　このマーケットメイカー方式は、「マーケットメイカー」が投資家の注文の相手となり、常に売り気配と買い気配を投資家に提示し、投資家の注文がその気配に合致した場合は取引に応じなければいけません。

　くりっく365や店頭FXがこの方式をとっています。それゆえ、投資画面では、投資家には売値（BID）と買値（ASK）だけを提示しています。くりっく365では、取引価格に加えて取引数量も表記しています。

【図表54　マーケットメイカー方式の表記】

買数量	買気配	売気配	売数量
95	105.88	105.89	300

♥オークション方式というのは

　価格優先原則、時間優先原則のルールに基づき、売り注文と買い注文の条件を刷り合わせて次々と約定させていく売買成立方法のことです。株式市場では通常の取引方式になります。

　一般的に用いられるオークション方式では、投資家の売り注文と買い注文を刷り合わせて売買を成立させるため、売り買い両方の注文がなければ売買は成立しません。主に「板」を使って取引を行います。

　板取引や各画面の説明は、Q29で詳しく説明しています。

❺ FX取引のしかたは

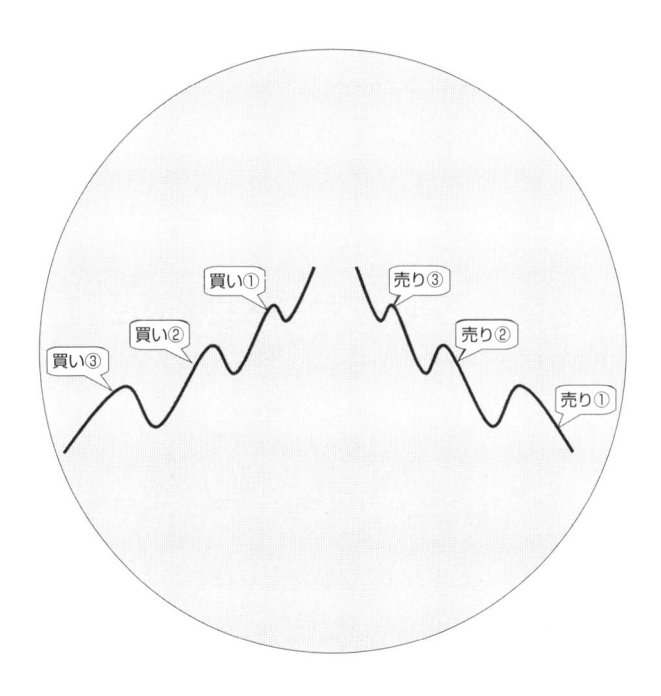

Q26 FX取引の開始手続・進め方は

Answer Point
♡ID・パスワードから取引が始まります。
♡チャートの機能を熟知しましょう。

♥IDとパスワードから取引が始まる

インターネットの取引画面からIDとパスワード入力して入ります。FX取扱会社（業者）によってはパスワードを定期的に変更を要求するところもあります。

デモ画面では、仮想金額から実際に取引を行うことができるところもあります。実際に資金を投じる前に、練習することも可能です。

ID、パスワードが届いたら、チャートの機能を熟知する、ニュースを見る、入出金画面、新規取引画面、決済画面をチャックすることは必ず行ってください。

特にチャートのテクニカル指標は使いこなせるようにしましょう。

【図表55　取引画面でまず確認】

取引画面でまず確認	①チャートの機能を理解する（テクニカル指標等）
	②ニュースの見方
	③入出金の画面
	④ポジション確認の画面
	⑤新規取引、決済取引の画面

♥チャートのチェック、ニュースの確認を怠りなく

為替相場は、経済指標の発表時には大きく変動します。

また、一般的にそのときのスプレッドは大きく開くことがあります。

常にチャートを開いておいて、売買取引を行うときには動きを確認するようにしましょう。

モニターが2つあれば、片方はチャートを開いておくと便利です。テクニカル指標に関しての詳しいことは❻で説明します。

ニュースや経済指標も常時確認するようにしましょう。

❺FX取引のしかたは

Q27 FX取引の入金から換金までは

Answer Point
♡日常ご使用の銀行での入出金が可能です。
♡時間外の入金に対応できる銀行もあります。

♥通常利用している銀行から入出金が可能

　FX取扱会社（業者）によっても異なりますが、郵便局を含め、大方の銀行から入出金が可能です。インターネットバンクもご利用いただけます。
　通常利用している銀行で大丈夫です。新たに専用口座を設ける必要はありません。

♥24時間対応の銀行口座を開設

　FX取引は24時間可能です。日本でも夜中でも取引が可能です。
　日本の夜中はアメリカ・ニューヨーク市場が開いているときで、マーケットが大きく動いたときに、資金が必要になることも多々あります。
　そのときに対応できる銀行がFX取扱会社（業者）ごとに指定されています。インターネットバンクになりますが、そこの口座に資金を投入していると、日本時間の夜中でも、FX取引口座に資金を送ることができます。
　為替相場の大きな変動で、必要証拠金額を下回り、追加資金を投入しないとロスカット（強制手仕舞い）になってしまうときに、指定された24時間対応銀行に資金があれば、そこから、証拠金を投入することができます。

♥換金もインターネットの取引画面上で

　利益の送金（FX取扱会社の口座から通常使用している銀行への送金）も、取引画面上からボタン操作で行います。初回の送金には多少日数がかかる場合もあります。
　また、大きな資金移動の場合、受け取る銀行側で特別な手続が必要なこともあります。余裕をもって操作することが望ましいでしょう。
　受取銀行を変更することも可能です。出金の確認も取引画面上から行います。過去の入出金履歴も確認できます。

Q28 店頭 FX の取引のしかた・確認の方法は

Answer Point
♡「新規取引」や「レート表示」の画面で取引を行います。
♡FX 取扱会社（業者）のデモ画面で、実際に取引を行ってみましょう。

♥具体的な買い注文・売り注文の出し方は

取引画面上で「新規注文」の画面で行います。

通貨ごとの「買値・売値（ASK・BID）表記上の画面を直接クリックしてでも注文画面を開くことができます。そこで、「通貨ペア」を選択して、注文数を入力します。

「通貨ペア」は、日本円でどの通貨と取引するか（たとえば日本円－米ドル）を選択します。注文数は「○○×10,000」「△△×1,000」という表記で、「○○」「△△」に数字を入力します。

♥注文の確認のしかたは

「ポジション確認」のページがあります。ここでは現在の取引状況を確認することができます。利益や損失の額も表示されます。ここから直接決済画面に移動することもできます。

一般的には取引通貨ごとに表示されています。同じ通貨の取引で、買い注文と売り注文がある場合も、さらに深くページに入っていくことで、個別の注文内容を確認することができます。

♥自らの売買と自動売買

売買の方法には、自ら操作する方法と、自動で行う方法があります。成行や指値（Q31）など、売買のタイミングの違いはありますが、注文する、あるいは決済するという行動は自分で行います。

一方、注文するタイミングや決済するタイミングをあらかじめセットしておいて、相場がその数字になったときに自動で行うという方法があります。OCO注文、IF注文、IFO注文と呼ばれる自動注文で、詳細はこの❺で、個々に説明します。

Q29 取引所FXの取引のしかた・確認の方法は

Answer Point
♡取引所FXの取引画面では、価格だけでなく取引数量が確認できます。
♡大証FXでは、株取引同様の「板」での取引になります。

♥店頭FXや取引所FXの取引画面の違いは

　店頭FXは取扱会社（業者）との1対1の相対取引ですから、お互い同士で、買値・売値を明記すればよいのです。

　取引所FXは、取引価格は店頭FX同様、買値・売値の表記ですが、取引数量も表示されています。

　大証取引では、さらに、買・売最大16本の取引数量を表記する板取引（図表59）になっています。

【図表56　店頭FXの取引画面例】

Currency	BID	ASK
米ドル／円	88.25	89.27
ユーロ／円	123.01	123.04
英ポンド／円	136.57	136.63
豪ドル／円	78.38	78.42

BID：外貨を売る値段　　ASK：外貨を買う値段

【図表57　クリック365の取引画面例】

商品	買数量	買気配	売気配	売数量
USD／JPY	2995	89.27	88.25	3500
EUR／JPY	467	123.04	123.01	1800
GBP／JPY	477	136.63	136.57	1794
AUD／JPY	1689	78.42	78.38	1200

買気配：外貨を売る値段　　売気配：外貨を買う値段

　図表57のように、売り注文を出したときの価格は「買気配」、買い注文のときの価格は「売気配」になりますので、注意してください。

　少しでも早く取扱いになれるようにしましょう。

【図表58　大証FXの取引画面例】

売	売気配	気配追従	買気配	買
		最良件数		
		成行		
		94.10		
		94.09		
		94.08		
		94.07		
		94.06		
売り指値注文がどこにどれだけの注文があるかわかる	500	94.05		
	500	94.04	直近の約定レート	
	400	94.03		
	300	M　94.02		買い指値注文がどこにどれだけの注文があるかわかる
		94.01		
		94.00　M	201	
		93.99	300	
		93.98	500	
		93.97	500	

＊上記「M」はマーケットメーカーがつけた最良値（Q25参照）。
＊上記の場合、売値は「94.00」、買値は「94.02」になります。

【図表59　板取引の例】

売数量	値段	買数量
1,000	200.01	
6,000	200.00	
4,000	199.99	
	199.98	6,000
	199.97	8,000
	199.96	14,000

図表59の場合で、「199.98」の価格で売り注文が数量3,000であったときは、数量6,000の買い注文が待ち受けていますので、この注文は成立します。

注文成立後は、「199.99」の価格帯の売数量は「4,000－3,000」で1,000となり、「199.98」の買数量は「6,000－3,000」で3,000になります。

　板取引は、個別株式取引では通常行われているもので、ネットで個別株取引をされている方にはおなじみの画面です。

　板取引では、最適価格以外にも、ほかの取引価格でどれくらいの買い注文や売り注文が控えているかがわかることで、相場の流れを把握することができます。

　買いの数量が多いということは、現在の相場では買いたい人が多いということで、米ドル／円では、米ドルを買おうとしている人が多いということになります。

Q30 両建注文ってなに・その使い方は

Answer Point
♡同じ通貨ペアで、買い注文と売り注文を同時に行う取引です。
♡逆の方向感で投資しますので、注意が必要です。

♥注文での注意点「両建注文」

両建注文は、マーケットの方向感が見えないとき、大きく動かないときなどに用いる手法ですが、うまく当てはまる場合と当てはまらない場合があることに注意しましょう。

たとえば、マーケットが上昇していくと仮定した場合、買いポジションでの取引は大きな収益を得ることができますが、売りポジションの場合は、損失が拡大します。結果、収益と損失が相殺され、むしろ損失だけが残る場合もあります。

♥必要証拠金額を小さく(業者)することも動かせるお金を多くすることもできる

両建の場合、取扱会社(業者)にもよりますが、必要証拠金額を小さくすることもできますし、レバレッジ(後述)にもよりますが、取引上で動かせるお金を多くすることもできます。

それでも両建は、マーケットの動きに注意が必要です。

スワップポイントの相殺やマーケットの方向により損失が拡大するという理由から、FX取引会社(業者)によっては両建取引を認めていないか、事前申請を求めるところもあります。

【図表60　両建の方法】

＜為替のチャート例＞

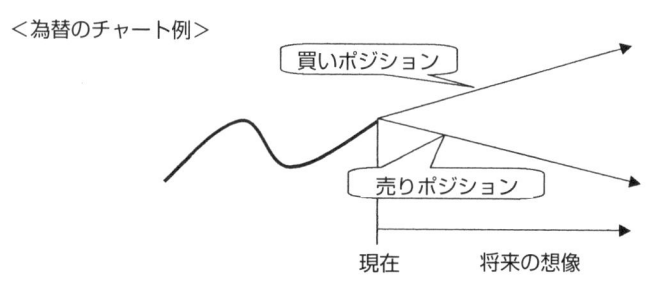

買いポジション

売りポジション

現在　　　将来の想像

Q31 成行注文・指値注文・逆指値注文ってなに・その使い方は

Answer Point
♡成行注文は、速効型(今を取りに行く)の注文方法です。
♡指値・逆指値注文は、待ち伏せ型の注文方法です。

♥注文の出し方は

　価格は常時動き、相場は常に上がったり下がったりしています。その相場にエントリーする(相場に入る＝ポジションを持つ＝買う・売る)方法に「成行」と「指値」の方法があります。

【図表61　注文の出し方】

成行注文	注文価格は確定できない	注文は時間がかからない
指値注文	注文価格は確定する	注文は時間がかかる

♥成行注文は約定できる価格で取引する方法は

　成行注文は、その場の価格で注文できる価格で相場に参加する方法です。注文を出した時点の価格(マウスをクリックしたときの価格)で約定します。
　ただクリックする瞬間にも価格は変動しますので、クリックする前に見た数字と、実際に約定したときの数字が異なる場合もあります。これを「ストリーミング成行注文」といい、ほとんどのFX取扱会社(業者)がこの方式を用いています。
　実際提示された為替レートと約定レートが異なる、いわゆるスリップページが発生することもあります。
　これを防ぐ方法として、何秒間か為替レートを固定して成行注文を出させてくれるFX取扱会社(業者)もあります。これを「タイムクオート(スプレッド固定成行注文、プライス成行注文)」といいます。

♥指値注文は約定する価格をあらかじめ決めて取引する方法

　指値注文は、事前に注文価格を指定して、動いている相場が指定した価格に到達したときに注文が成立する方法です。

買い注文なら、指定した価格で買う、売り注文なら、指定した価格で売るというものです。ここまで下がったら買う、ここまで上がったら売るという注文方法ですから、大きな収益を狙うのが目的です。

指値の価格（現在の価格と指値の幅）や価格単位は、FX取扱会社（業者）によって異なります。

【図表62　成行注文と指値注文のメリット・デメリット】

区分	メリット	デメリット
①成行注文	・その時点の為替レートですぐ買ったり売ったりできる →経済指標発表時など大きく為替レートが変動しているときに売買するときなどに使います。	・より安く買ってより高く売れない（またはその逆）
②指値注文	・利益幅を伸ばすことができる	・指定レートに到達しなかった場合、ポジションをとることができない ・注文を出したことを忘れる

♥逆指値注文というのは

逆指値注文は、たとえば「買い」注文の場合は、現在の価格よりも高い価格を指定、「売り」注文の場合は、現在の価格よりも下の価格を指定します。わざと不利な条件を提示します。指値を「リミット」、逆指値を「ストップ」と表現しているところもあります。

逆指値注文では、スリッページ（約定価格のずれ）が発生しやすくなります。為替レートが大きく下落しているときは、買いたい人よりも売りたい人が多いですから、売りたい人が多い中で自分も売りたい注文を出しますので、想定レートよりも不利なレートで約定することがあります。

スプレッド（売買幅）を加味した為替レートで逆指値注文を発注するのがよいでしょう。

♥自動売買注文は指値注文や逆指値注文の応用

自動売買注文は、指値注文や逆指値注文の応用です。

成行注文や指値注文で相場に入り、決済は相場任せという状況では、収益を伸ばすこともできますが、損失も拡大する可能性があります。

自動売買注文は、あらかじめ買う（売る）タイミングを設定し、また、さ

らに手仕舞いのタイミングも指定するというのが自動売買注文です。

　自動売買注文では、その指定された価格にならない限り、約定や決済はしませんので、常にマーケットに向き合えないときでも安心して投資ができます。

【図表63　成行注文の例】

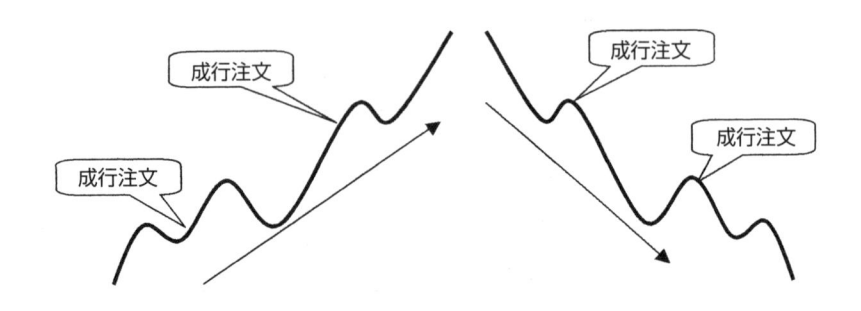

【図表64　指値注文の例】

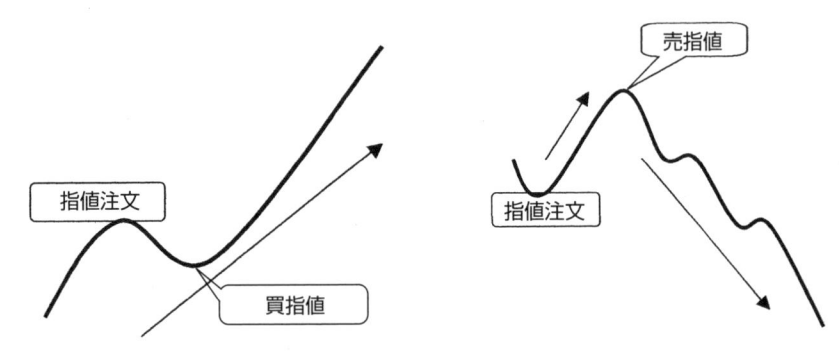

【図表65　逆指値注文の例】

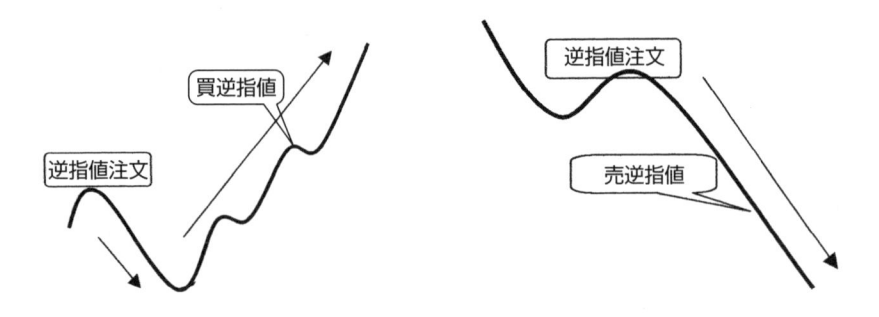

Q32 OCO（オーシーオー）注文の取引は

Answer Point
♡注文時に同時に2つの注文を出す方法です。
♡利益と損失を同時に確定します。

♥OCOは利益と損失の両方を確定する注文方法

　OCOは"One Cancel the Other"の略で、片方の注文が成立すると、もう片方がキャンセルされるという意味です。

　これは注文の手法のことで、これを利用すると、利益と損失を確定することができます。

　つまり、そのまま翌日にまでポジションを持ち込んでも勝手にFX取扱会社（業者）が決済をしてくれますので、大きく損失が膨らむことはありません。

　今より値が上がる方向と値が下がる方向の両方に利益確定のオーダーを出します。片方が成立したら、もう片方の注文は消滅します。

　利益が出ているほうが約定すれば利益確定、逆の場合でも、損失が確定することで、それ以上に損失が膨らむことはないという注文方法です。

【図表66　OCO注文の特長】

・ポジションを注視する必要はない
・損失を拡大することはない

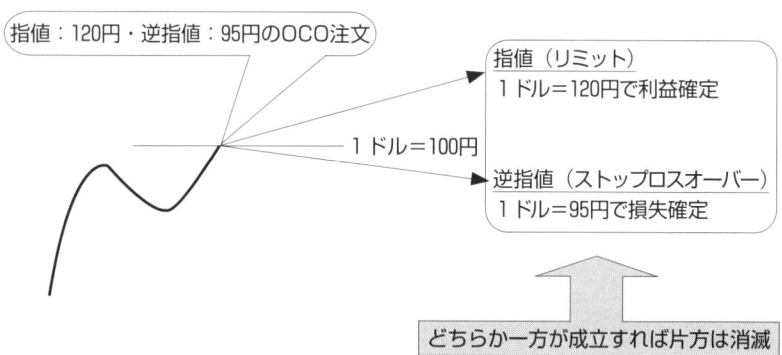

指値：120円・逆指値：95円のOCO注文

指値（リミット）
1ドル＝120円で利益確定

1ドル＝100円

逆指値（ストップロスオーバー）
1ドル＝95円で損失確定

どちらか一方が成立すれば片方は消滅

Q33 IFD(イフダン)注文の取引は

Answer Point
♡注文するタイミングと決済するタイミングを決める注文です。
♡利益確定のIFD注文と損失限定のIFD注文(ロスカット)
が
あります。

♥注文価格と決済価格を決める

　IFD注文は「If done」の略です。たとえば、今、1ドル(米)＝120円だったとします。このレートが、1ドル＝115円まで下がったら買って、1ドル＝125円になったら売ろう と決めていたとします。

　IFD(イフダン)注文では、1ドル＝115円になれば、自動的にFX取扱会社が買ってくれて、その後、1ドル＝125円になれば自動的に売ってくれます。

　Q32のOCO注文と違うのは、1つの注文に対して決済方法は1つとなります。Q32の例で、1ドル＝115円で買った後に円高に振れてもポジションはそのままになります。

　つまり、1つの注文が決済されたあとは、2つめの注文が発動されるわけですが、利益確定パターンで注文した場合、思惑と反対に相場が動いた場合の売り(損切り)決済は、手動で行うことになります。

♥利益確定のIFD注文は

　欲にかられてより高値を狙っているうちに「下げ戻し」にあって、利益がなくなってしまったということがあります。そんなときに、利益獲得チャンスを確実にものにするために、「指値買い＋指値売り」の注文を同時に出しておくことで、一定の利益を確保することが可能になります。これが利益確定のIFD注文です。

　ただし、前述のとおり、1つの注文に対して決済方法は1つですから、思惑と逆に触れた場合は、自分で決済することになります。場合によっては損失を被ることもあります。

　FX取引は、利益を最大限に引き出すトレードが理想ですが、"損失をいかに少なくするか"という視点がより重要になってきます。

　特に、初めてFX取引をされる場合は、損失を抑えるためのIFD(イフダ

ン）注文から始めて、利益確定を手動でやることをお勧めします。

♥損失限定のIFD注文（ロスカット）

　利益確定パターンの例では、予想どおりに相場が動いてくれたケースですが、相場は、時には損益を出す場合もあります。損失限定のIFD注文で損切を行う方法で注文を出します（ロスカット注文）。

　利益確定のIFD注文は「指値注文+指値注文」でしたが、損失限定のIFD注文は「指値注文+逆指値注文」の組合せになります。

　たとえば、上昇トレンドと予想して、利益狙いの買い注文を指値で出したとします。相場が1ドル＝115円の状態で、1ドル＝116円になったら買い（指値）、110円になったら売り（逆指値）という「IFD注文」を発注します。

　相場が1ドル＝116円になったら買い注文が成約し、同時に1ドル＝110円になった場合の売り注文が自動的に有効になります。

　予想と反した相場の動きがあった場合でも、1ドル＝110円になった時点で売り注文が成立されますから、損益は6円に限定され、それ以上は膨らみません。

【図表67　利益確定のIFD注文】

- 1ドル＝115円で買い
- 1ドル＝125円で売り
- のIFD注文

1ドル＝125円で売り

1ドル＝115円で購入

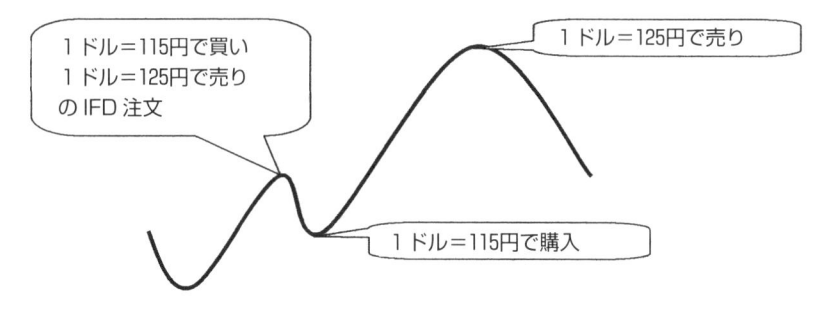

【図表68　損失限定のIFD注文】

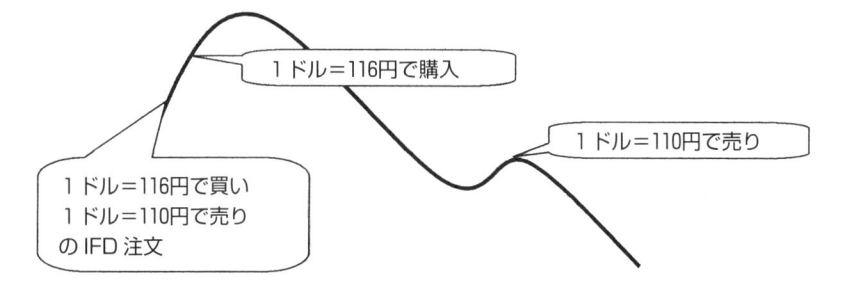

1ドル＝116円で購入

1ドル＝110円で売り

- 1ドル＝116円で買い
- 1ドル＝110円で売り
- のIFD注文

Q34 IFO（アイエフオー）注文の取引は

Answer Point
♡IFO 注文は、IFD と OCO を組み合わせたものです。
♡１つの注文で、利益確定と損失限定の両方が可能です。

♥３つの注文を出し、２つの決済注文が可能

　IFOは、「If Done + One Cancels the Other order」の略で、IFD 注文とOCO注文を組み合わせたしくみとなっていて、「新規ポジションの確保」「利益確定の指値」「損切の逆指値」を同時に発注する取引です。

　IFD 注文では、決済注文は１つしか発注できませんが、OCO 注文は一度に２つの決済注文が可能です。この両者を組み合わせることによって、一度に３つの注文が出せて、決済注文も２つ可能になります。

　最初の注文が約定されると、２つの決済注文も自動的に発動されます。

【図表69　IFO 注文】

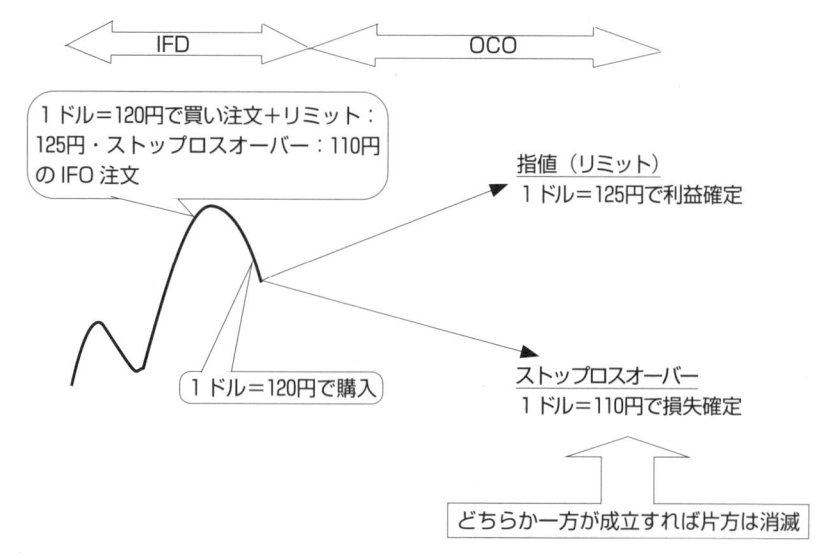

```
  ←――― IFD ―――→←――――― OCO ―――――→

  １ドル＝120円で買い注文＋リミット：
  125円・ストップロスオーバー：110円
  の IFO 注文
                                    指値（リミット）
                                    １ドル＝125円で利益確定

     １ドル＝120円で購入
                                    ストップロスオーバー
                                    １ドル＝110円で損失確定

                                    どちらか一方が成立すれば片方は消滅
```

　IFO 注文は、利益確定のチャンスを逃さないための利益確定の注文と、損失を拡大させない注文の両方が可能な投資方法です。

Q35 大証FX特有の注文方法は

Answer Point
♡大証FX特有の注文方法があります。
♡注文方法の特徴を理解すれば強力な武器になります。

♥FAK（Fill and Kill）注文というのは

　FAK注文は、価格を指定せずに発注し、注文受付時の反対側の板にある最良気配価格のみで約定できる枚数が成立し、残りの枚数はキャンセルされる注文です。

　ただし、最良価格で全数量が約定できなかった場合には、その数量が自動的に取り消されます。

　最良価格での決済が優先されます。それは、最良価格以外では決して決済されないということです。

【図表70　FAK注文の例】

「50枚の買い」注文の場合
買い最良価格（アミカケ部分）で28枚で約定、残りの22枚は自動で取り消される

売数量	レート	買数量
2030	93.23	
2350	93.22	
508	93.21	
28	93.20	
	93.19	18
	93.18	156

⇒

売数量	レート	買数量
2030	93.23	
2350	93.22	
508	93.21	
	93.20	
	93.19	18
	93.18	156

♥FAS（Fill and Store）注文というのは

　FAS注文は、注文が受け付けられたときの最良価格で取引が成立しますが、最良価格ですべての数量が約定されない場合、一部は約定し、残りは最良価格と同値の指値注文となる注文です。

　発注時に取引を希望する価格の指定はできません。

　最良価格の決済が優先されることはFAK注文と同じですが、約定しなかっ

た分は、最良価格で成立するまで板に残ることになります。
　あくまでも、全数量決済を求める手法です。

【図表71　FAS注文の例】

「50枚の売り」注文の場合
売りの最良価格（アミカケ部分）で28枚が約定、22枚は板上に残る（指値注文）

売数量	レート	買数量
2030	93.23	
2350	93.22	
508	93.21	
	93.20	28
	93.19	96
	93.18	156

⇒

売数量	レート	買数量
2030	93.23	
2350	93.22	
508	93.21	
22	93.20	
	93.19	96
	93.18	156

♥FOK（Fill or Kill）注文というのは

　FOK注文は、発注したすべての数量は注文が受け付けられたときの最良価格で取引が成立しますが、最良価格ですべての数量が約定されない場合、直ちに注文そのものが取り消される注文です。

　全数、約定しません。発注時に取引を希望する価格の指定はできません。

【図表72　FOK注文の例】

「50枚の売り」注文の場合
売りの最良価格（アンダーライン部分）では買数量が50もないので直ちに注文取消
FOK注文　50枚の買い
買いの最良価格（アミカケ部分）ですべての数量が約定

売数量	レート	買数量
2030	93.23	
2350	93.22	
508	93.21	
65	93.20	
	93.19	18
	93.18	156

⇒

売数量	レート	買数量
2030	93.23	
2350	93.22	
508	93.21	
15	93.20	
	93.19	
	93.18	156

❺FX取引のしかたは

♥ベストレート注文というのは

　ベストレート注文は、発注した時点の最良価格から呼値の単位（たとえば、対円通貨は0.01円、対ドル通貨は0.0001ドル：FX取扱会社で要確認）だけ、買注文の場合には高い価格の指値、売注文の場合には低い価格の指値となり、取引はその価格またはそれよりも有利な価格で成立する注文です。

　最良価格からの呼値など、具体的な価格は、事前にFX取扱会社に確認してください。

【図表73　ベストレート注文の例】

「50枚の売り」注文の場合
売りの最良価格（アミカケ部分）ですが、それよりも有利な「93.19」（アンダーライン部分）の値で約定するこ

売数量	レート	買数量
2030	93.23	
2350	93.22	
508	93.21	
65	93.20	
	93.18	18
	93.17	156

⇒

売数量	レート	買数量
2030	93.23	
2350	93.22	
508	93.21	
65	93.20	
50	93.19	
	93.18	18
	93.17	156

♥リミッテドマーケット注文というのは

　リミテドマーケット注文は、発注時に取引を希望する価格を指定し、指定した価格または指定した価格よりも有利な価格の範囲内で取引が成立しますが、その範囲内ですべての数量が約定されない場合、残りは取り消される注文です。

　なお、図表74の板状の数量は、取引の方法を説明するために誇張した数字を用いています。

　したがって、現実にありえない数値表記になっている場合もあります。あくまでも「例」としてご利用ください。詳しくは、各FX取扱会社（業者）にご確認ください。

　また、さらに特有な取引を用いている会社もあります。

　「注文方法」はネットから取引説明の詳細をダウンロードするか、カスタマーセンターでご確認ください。

【図表74　リミテッドマーケット注文（買い）の例】

指定価格「93.21」の500枚の買い注文の場合
さらに有利な「93.20」から買いが約定
→　「93,20」で287枚、「93.21」で残りの213枚が約定

売数量	レート	買数量
597	93.23	
488	93.22	
399	93.21	
287	93.20	
	93.19	18
	93.18	156
	93.17	223
	93.16	409

→

売数量	レート	買数量
597	93.23	
488	93.22	
187	93.21	
	93.20	
	93.19	18
	93.18	156
	93.17	233
	93.16	409

図表74の例の場合、1ドル＝93.22円での決済はあり得ないということです。

【図表75　リミッテドマーケット注文（売り）の例】

指定価格「93.18」の300枚の売り注文の場合
さらに有利な「93.19」から売りが約定
→　「93,19」で18枚、「93.21」で残りの156枚が約定
→　合計174枚が約定し、残りの126枚は自動取消し

売数量	レート	買数量
597	93.23	
488	93.22	
399	93.21	
287	93.20	
93.19		18
93.18		156
	93.17	223
	93.16	409

→

売数量	レート	買数量
597	93.23	
488	93.22	
187	93.21	
	93.20	
93.19		18
93.18		156
	93.17	233
	93.16	409

いきなりこれらの取引を行うのは難しいかもしれません。
　デモ画面をネット上に準備しているところがあります。バーチャル口座で実際の取引同様のことができるところもあります。そこで試してください。

Q36 勝つための注文方法は

Answer Point

♡ストップ・ロス・オーダーは損切注文で、投資における安全装置です。
♡トレール注文（トレーリングストップ）は、儲けを確定する注文です。

♥ストップ・ロス・オーダーというのは

　ストップ・ロス・オーダーとは「損切注文」のことで、損失を限定する注文方法です。逆指値の注文ですから、わざと不利な注文を入れることになります。いわば投資における安全装置のようなものです。

　勝つ投資家になるためには、勝率を上げること、利益を伸ばすこと、そして一番大事なのは、いかに損を限定するかが重要になります。そのための手法として、このストップ・ロス・オーダーは非常に有効です。

【図表76　ストップ・ロス・オーダー】

現在のポジション

ストップ・ロス・オーダー（損切）

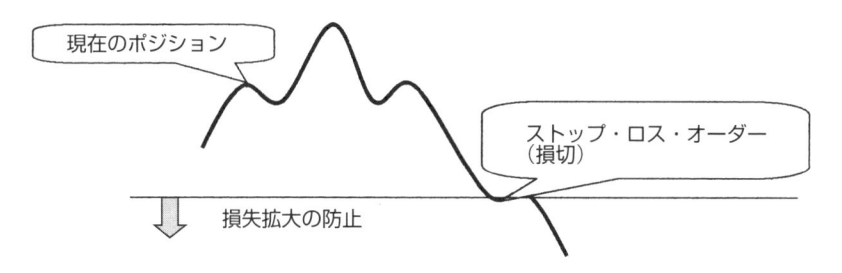

損失拡大の防止

　たとえば、1ドル＝120円のときに1万ドルを買ったとします。その後、1ドル＝122円になりました。そのときに、1ドル＝121円でストップ・ロス・オーダーを出します。

　1ドル＝122円の後、ドルが下がって、1ドル＝119円になってしまったとしても、1ドル＝121円で決済されますので、必ず儲けが確定するということになります。

　いったん、買値より高い値段になってしまえば、必ず利益が確定しますので、利益を確保したうえで、安心して大きな利益を待ち続けることができます。

　また、1ドル＝123円になれば、1ドル＝122円のストップ・ロス・オーダー

を出せば、この時点で為替差2万円の利益が確定です。それでさらに上を目指すことができます。

　ただし、どんなに上昇局面であっても、少しは下がるのが相場というものです。現在の為替レートとトレール注文のレートの幅は慎重に選んだほうがいいでしょう。

♥トレール注文の例

　トレール注文は、FX取扱会社によって注文の有無が異なります。また、自動的に逆指値を上昇させる自動売買のシステムがあるところもあります。

【図表77　トレール注文の例】

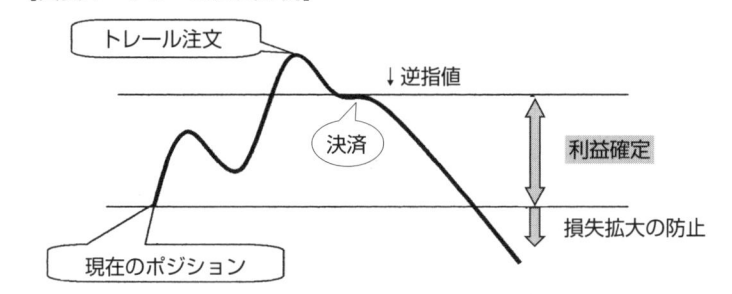

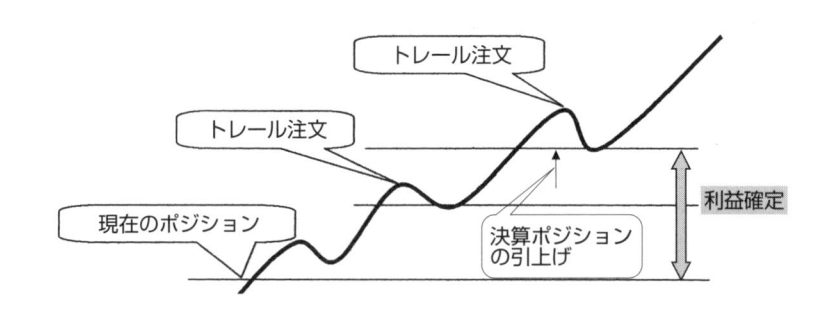

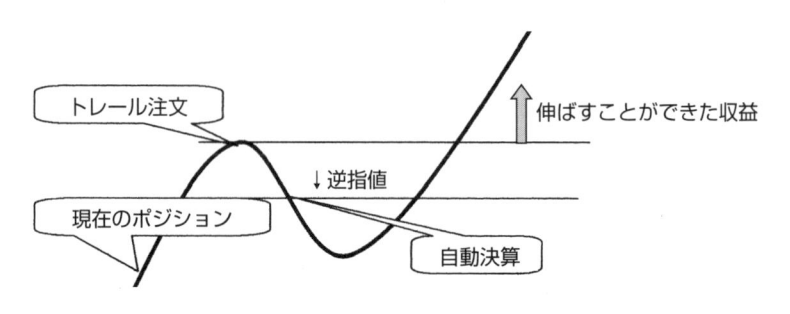

Q37 売りたいときの価格の決め方・確認は

Answer Point
♡収益の目標、損失額を事前に決めることが、投資で勝つ秘訣です。
♡欲との戦いに負けそうなときは、自動売買の活用が有効です。

♥収益の目標値に達したら利益を確定する

収益が当初目標としていた数字に達したら、迷わず利益確定しましょう。その後、さらに収益を伸ばせそうな状況であれば、そのときに再エントリーして収益を狙いに行きましょう。

ポジションを持っているだけでは、あくまでも「含み益」で、実際に現金になっているわけではありません。含み益が増えても、ポジションを手仕舞わない限り収益は確定しません。これは損失があるときも同じで、「含み損」はポジションを閉じない限り確定しません。

大きな含み益があったとしても、決済のタイミングを逃して含み益が減ることはよくあります。逆に損失につながることもよくあることです。ある程度見込んだ収益に達したら、ポジションを手仕舞う（買っているものは売る、売っているものは買い戻す）ことで収益を確定するようにしましょう。

♥当初見込み以上の損失が出そうなときは損切（ロスカット）を

損失に関しても同じことで、当初の予定以上に損失が膨らみそうなときは、ポジションを手仕舞って、今の損失を確定させ、これ以上損失が膨らまないようにしておきましょう。

♥自分で判断できないときは自動売買を利用しよう

人間は常に欲との戦いをしているものです。自分で判断できないときは、FX取引特有の自動売買を利用するのがよいでしょう。

目標とする価格でポジションを持ち、予想収益に達したら手仕舞ってもらう方法（IFD注文）や、予想収益の時点で利益確保するのと同時に、損失部分も拡大しないようにある程度の損失で決済してもらう方法（OCO注文、IFO注文）があります。

自動注文を仕掛けていると、常にマーケットをみることができないときは安心です。

【図表78　目標に達したら手仕舞う】

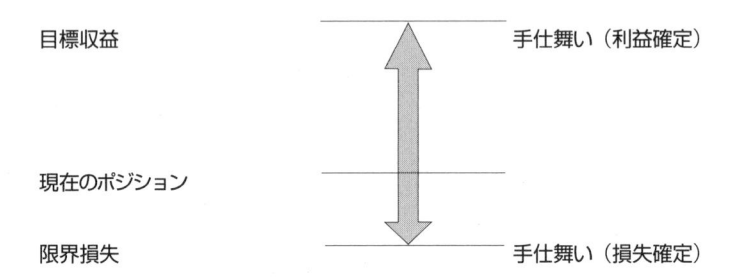

目標収益　　　　　　　　　　　　　　手仕舞い（利益確定）

現在のポジション

限界損失　　　　　　　　　　　　　　手仕舞い（損失確定）

♥確信のないときはなるべく早くマーケットから出るのが望ましい

　マーケット（ここでは為替市場をさしますが、それ以外に株式市場、債券市場など）は常に変動し、時には予測がつかない動きをします。
　大きなお金の動きでマーケットが揺さぶられることもあります。
　また、国の思惑で変動することもあります。私たち投資家の情報網ではわからないことで動くことがよくあります。
　そんなときはどう動いていいかわからず、ただ成り行きに任せるようなこともよくあります。それだけマーケットは恐ろしいところでもあります。
　いったんマーケットに入ったら、なるべく早く収益を持って退場するのが望ましいでしょう。
　欲を出して、少しでも収益を伸ばそうと長くマーケット内に滞在していると、とんでもないことが起こることがあります。
　「前回の損失分を取り戻そう」という思いのときによくある行動で、もっと収益がほしいと欲を出してしまいます。
　当然、確固たる裏打ちのもと、さらに収益が伸びる可能性が高いと判断した場合は、マーケット内に残るのも選択できます。
　経済情報やチャートの動きをよく把握して、冷静に判断するようにしましょう。
　投資に勝つためには、勝ち星を増やす、勝っているときの収益を伸ばす、負けているときの損失を極力小さくすることです。勝ち星を増やし、損失を小さくするには、マーケットからの早期退場が有効になります。
　確信のないときは、なるべく早くマーケットから出ることが望ましいのです。

Q38 マージンコール・ロスカットルールってなに・その対応は

Answer Point
♡マージンコールは、ロスカットが迫ってくる警告です。
♡ロスカットルールとは、損失を限定する手法です。

♥マージンコールというのは

　マージンコールとは、お客様へ取引に必要な保証金額が、ある一定の割合で下回った場合にメールで通知する機能です。

　FX取引は24時間取引可能ですが、刻々と変動するマーケットを自分自身で管理するのは難しいです。

　それゆえ、たとえば、保証金残高が50％を下回った場合に、電子メールで警告のお知らせを行います。マージンコールを出すタイミングはFX取扱会社（業者）によって異なります。

　この制度自体に拘束力はありませんが、マージンコールが発生するという状況は、ロスカットの執行が迫っていることを意味しています。

　マージンコールの通知を受け取った場合は、なるべく早めに、口座へ追加入金を行い、保証金の額を増やすことで担保能力を高めるか、取引を一部決済することで、取引数量を縮小し維持率を高めるかの、いずれかの対応策をとることをお勧めします。

【図表79　マージンコールのしくみ（例）】

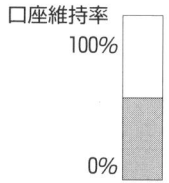

口座維持率
100%
0%

50％以下になった時点で警告メール送信＝マージンコール

　「維持率」とは、保有しているポジションを維持するために必要な保証金に対して、有効保有額の割合をパーセンテージで表したものです。
　有効保有額とは、ある時点での口座内の資産の価値を表しています。維持率は取引数量やレバレッジによって割合が異なり、余剰資金がある場合や、ポジションの評価損益がプラスである場合はこの維持率は高まり、反対に評価損が大きくなればなるほど維持率は低下します。つまり、維持率が高ければ高いほど資産に余裕があるということです。

♥ロスカットルールというのは

　ロスカットルールとは、ポジションまたは口座全体の評価損が、ある一定レベルに達したときに、さらなる損失の拡大を未然に防ぐために、強制的に決済する制度のことです。

　株式や商品先物取引とは違い、FXや外貨預金などの外国為替取引では"値幅制限"という制度が存在しません。

　そのため、FX取引で、たとえば買いポジションを保有していて、相場が急落した場合、ロスカットルールが設けられていないと、損失額が取引保証金額や預かり資産の額を上回ってしまうケースが出てきます。

　FX取引では、先物取引のように、証券会社への手数料がかかり、預け入れた金額よりもさらに多くのお金を支払わずに済むのは、このロスカットルールがあるからです。

♥ロスカットのしくみは

　ロスカットにより強制決済がされてしまう値幅は一体いくらなのか、それを計算する方法をしっかり身に着けておくと、FX投資も安定した投資ができるようになります

　100万円をFX取引口座に入金したとします。為替レート「1ドル＝100円」で、10万ドルをレバレッジ10倍で購入したと仮定します。

　このときの保証金は100万円です。この時点でのロスカットレベルが20％とすると、ロスカットの値幅は、次の計算のとおり8円です。

> 資金100万円 －（100万円×0.2）÷10万ドル＝8円

　つまり、買値から8円下がった時点でロスカットされることになります。

　同じ条件で上記の半額、5万ドル購入の投資に切り替えれば、保証金が50万円となります。このときの、ロスカットの値幅は次の計算により18円です。

> 資金100万円 －（50万円×0.2）÷5万ドル＝18円

　つまり、買値から18円下がった時点でロスカットされることになります。ロスカットの値幅は、FX取扱会社（業者）で必ず確認してください。

　ただし、スワップポイント（スワップ金利）での損益が、ロスカットの幅に影響を与えますので注意をしてください。

♥レバレッジの大きさとロスカットの関係は

　前述の計算のとおり、投入資金が多ければ、ロスカットまでの値幅は広がります。また、ポジション保有額（取引のために買った額、売った額）の多い少ないで、ロスカットまでの値幅が変わります。

　レバレッジが大きいということは、ポジションを保有できる金額が大きくなります。保有限度までポジションを持ったとすると、当然レバレッジが大きいほうがたくさん保有することができます。

　逆に、レバレッジが小さいコースを選択して、ポジション保有額を抑えると、ロスカットまでの値幅は広がります。口座内の実際に投資に使っていない金額の大小、ポジション額の大小で、ロスカットまでの値幅は調整できます。

　レバレッジは、投資効率を高めるには非常によい制度です。少ない金額で大きな効果を得るレバレッジのしくみを上手に利用し、ポジション額を抑え、あるいはいくつかに分散することで、収益を狙いながらリスクを抑える投資行動をとることができます。決して、レバレッジが高いから危険というわけではありません。

　ただ、投資効率を求めるあまり、大きな収益を狙うために、高レバレッジで多くのポジションを持とうとします。そのため、少しの値動きでロスカット、強制終了されることになります。

♥取引の実際では

　FX口座に資金を投入して投資を始めます、買い・売りのポジションを持った段階で証拠金が発生します。つまり、最初に入金した資金からこの証拠金分が差し引かれた状況になります。この時点で現金を引き出そうとしても、証拠金分は引き出せないということになります。

　マーケットが動き、予想とは逆の動き、つまり損失が膨らんできたとします。ポジションの評価額はマイナス表示となり、そのマイナス額は、証拠金として使っていない資金が減っていくことになります。つまり、最初の資金から証拠金額を引いた金額が減ることになります。その時点で現金を引き出す額が減っていくことになります。

　ある程度まで証拠金を除いた額が減ると、登録のメールアドレスに、これ以上取引を続けると、相場によっては危険な状態になるというメール（マージンコール）が届きます。現金を追加するか、持っているポジションを決済するかの判断が必要です。ロスカットされれば、その後の相場回復時の逆転を狙うことはできなくなります。

Q39 FX投資の儲け・損ポイントをまとめると

Answer Point
♡利益が目標額に達したら利益確定を行います。
♡予想と反対に相場が動いたときは，ある程度で損切を行います。

♥目標利益到達で確定する

　投資は欲との戦いです。少しでも大きな利益を得たいものです。トレンドに乗ったと判断するなら、収益を伸ばす行動に出るのもよいでしょう。ただ含み益のままでは収益は現金には変わりません。

　相場が思った方向に動き続けたなら、追いかけるように買いなら買い、売りなら売りを続けるのがよいでしょう。

　そして最後にポジションを持った順に手仕舞っていくと収益を伸ばすことができます（図表80。番号順に決済する）。

【図表80　収益を伸ばす】

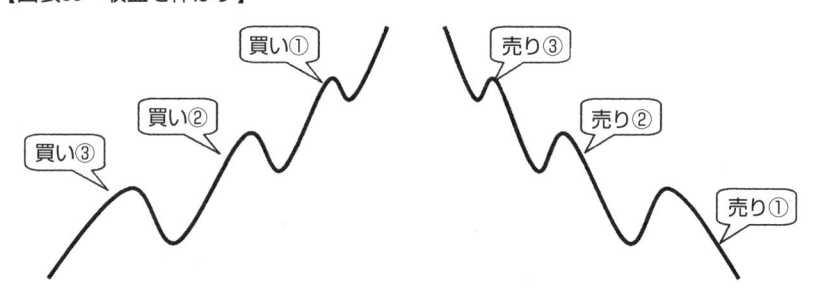

♥相場が予想と反対の動きをしたら損切る

　逆に、予想に反して相場が動いた場合、損失が拡大しないように、ある程度、損を確定させます。

　欲により、逆転を狙いたい気持ちはわかりますが、トレンド自体が逆に動いたと判断したら、早期に損切を行いましょう。

　投資において最も重要なことは、いかにして損失を小さくするかということです。投資で成功している人のほとんどは、損切ができる人です。

　損切こそ投資に勝つ秘訣といっていいでしょう。

Q40 自分にあった投資スタイルの決め方は

Answer Point
♡「買い」からはいるのが得意か、「売り」からはいるのが得意か、またどの通貨を狙うのかを決めます。

♥「買い」と「売り」のスタイル

投資には、値上がりを期待する「買い」スタイルと、値下がりを期待する「売り」スタイルがあります。「買い」スタイルが一般的ですが、大きな収益を得やすいのは「売り」スタイルです。どちらのスタンスをとるかは、まず、長期のトレンドを考えることから始めます。国家戦略や経済状況を鑑み、為替は大まかにどういう方向に向かうのかを分析します。

そして、ここ数日の動きを予想し、さらに短期、今日一日の動きはどうなるのかを分析します。為替の方向が下落傾向と判断すれば、投資スタンスは「売り」から入ります。たとえば、日本円と米ドルとの関係を考えると、アメリカ経済は復活に向けドル安政策を取ってきました。アメリカの政策による為替操作ですから、政策が変更しない限り円高と判断したら、「米ドル／円」の場合、「売り」のスタンスを基本に考えます。

テクニカル指標を駆使して短期の相場で「売る」チャンスを狙います。

♥どの通貨でFX投資を行うのかを決める

日本円と米ドル、あるいはユーロ、豪ドルや加ドルなど、どの通貨で投資を行うのかを決めます。好みでもかまいませんが、情報の得やすさ、スプレッド、値動きの激しさなどから判断します。

FX投資での基本は「経済の強い国の通貨を買う」ことです。ヨーロッパ経済は疲弊していると判断すれば、ユーロは「売り」が基本です。高金利通貨を買うのも、スワップ金利が稼げるのでよいのですが、大きく値が動くこともあります。金利が高いだけでなく、経済状況を把握することが大事です。

チャートだけを見て短期の売買を行う際にも、できれば、経済状況の把握など、中長期のスタンスで相場を考えたほうがよいでしょう。

詳しくは「❻FX取引での勝つテクニックは」参照してください。

♥「売り」ポジションは大きく収益を伸ばすには必要な投資手法

　自分の投資スタイルを確立するのが、投資で成功する秘訣ともいえます。「買い」スタイル、「売り」スタイルで、チャートの見方も異なります。

　たとえば「買い」で相場に入るなら、相場の上昇を予想するデータを読み取ります。テクニカル指標でも、上昇サインを見落とさないようにします。「売り」で相場に入るなら、テクニカル指標などで、売りサインを探します。テクニカル指標との相性もありますが（テクニカル指標に関しては❻参照）、どちらが得意か、どちらが自分に合っているかを、早い時期に確立しましょう。

　テレビや新聞などのニュースや専門家のコメントなどは、「買い」のポジションでの情報発信が多いです。投資セミナーなども、どちらかといえば「買い」のポジションでの話が多いようです。なかなか「売り」から相場に入るのは、慣れている人でないと難しいかもしれません。

　しかし、マーケットは必ず、上がったり下がったりします。どちらでも利益を取りに行くことができるポジションを持つことは大事です。ただ、慣れていないと、大けがをすることもあります。

　まずはどちらが得意かを見極め、たとえば「買い」が得意なら、相場下落時は投資行動を行わず、「売り」の投資を勉強するなど、「休むも相場」の格言通り、無理をしないことが大事です。

　「売り」から相場に入ることができるのもFX投資の大きな特徴です。つまり、市況が下降トレンドでも利益を取ることができるのがFX投資だといえます。大きく収益を伸ばすには、一般の投資家の「買い」ポジションだけでなく、「売り」のポジションを狙えるようになることは大事です。

　あくまでも一般的な感覚ですが、上昇局面の値幅よりも下降局面の値幅のほうが大きいようです。

　ヘッジファンドと呼ばれる大きなお金の集団は、利益拡大のためには、常に「売り」ポジションで儲けようとします。

　「売り」ポジションは、大きく収益を伸ばすには必要な投資手法です。

【図表81　投資スタイル】

「買い」ポジション （安値で買って高値で売る）	→	相場の上昇局面を狙う
「売り」ポジション （高値で買って安値で売る）	→	相場の下降局面を狙う

Q41 取引手法の活用方法は

Answer Point
♡大きな資金があるなら、成行注文で収益を伸ばします。
♡少ない元手なら、逆指値で損失を確定させます。

♥取引手法の活用方法は

　成行注文は、前述のとおり、そのタイミングで注文を成立させる手法です。ある程度資金に余裕があれば、売買にあてる資金をおさえて、現金保有の割合を大きくして、相場の予想が決まれば成行注文でポジションを持ち、利益を伸ばします。

　手持ち資金に余裕がなければ、成行でポジションを持っても、損失を確定する逆指値を行い、万が一の資金の目減りを抑えるようにしましょう。

　プロの投資家は、マーケットから離れるときは、必ずストップロス（ロスカットラインの設定）を入れるそうです。つまり、食事などでパソコンの前から長時間離れるときは、自動売買などで、損失確定の処置をしてから離席する習慣をつけるとよいでしょう。

♥自動売買の活用は

　マーケットの方向性を見極めたが、1日では手仕舞えずに、翌日以降に持ち越すような場合、どうしても長時間、相場をチェックできないときに自動売買を用いると便利です。朝ポジションを持って、仕事で相場を離れるときにも活用できます。

　自動売買は、今まで述べたとおり、利益確保や損失確定を、自動で行ってくれるシステムです。たとえば夜中に大きく相場が動いたときに、大きな損失を被ることもなく、また、確実に利益を得ることができるのが自動売買です。

　自動売買を使って、いくつものポジションを持つことも可能です。

【図表82　自動売買のメリット】

自動売買	自動で行ってくれるシステム	① 損失の確定 ② 利益の確保

Q42 失敗する取引例は

Answer Point
♡評価損が悔しくて損失が確定できないとロスカットされます。
♡収益確保や損失確定の値段設定に注意しましょう。

♥損失確定をする勇気を

収益を伸ばそうとする欲から、成行注文で、損失確定の逆指値をしないで、ロスカットされてしまうことがよくあります。評価額がマイナスのときは、なかなか損失確定のクリックは押せないものです。

自分でできないときに自動売買で損失確定のIFD取引を行うことは大事です。

♥収益確保と損失確定の幅に注意

自動売買システムで、利益確保のための価格と、損失確定の価格を設定します。

しかし、その幅が買ったとき・売ったときの価格とあまりにも近ければ、少しの変動ですぐに手仕舞ってしまうことになり、大きく収益を伸ばすチャンスを逃すだけでなく、「損失確定していなければ、利益が出ていたのに」と後悔することもあります。

損失確定の値段設定の場合、どうしても大きく損をしたくないために、値幅を小さくしたくなるものです。

たとえば、損失確定の幅は、エントリー価格の10％下、利益確保の幅は20％上と、それぞれでルールを決めて、必ず守るようにしましょう。

ここでの「10％」「20％」の数字は、あくまでも一般的なもので、必ずこの数字がよいということではありません。

♥「買ったら下がる」「売ったら上がる」という例はよくある

外貨を買った瞬間に逆に動くということはよくあります。誰かが意地悪しているのではと思いたくなります。

誰でもあることで、大きく逆に動いたら損失確定をしましょう。相場が正しいと思えば自分を信じましょう。

⓺ FX取引での勝つテクニックは

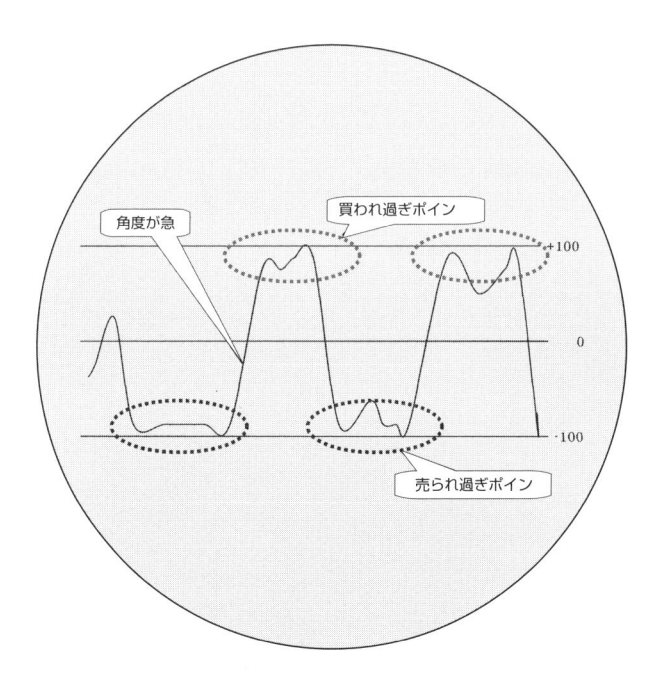

角度が急

買われ過ぎポイン

+100

0

-100

売られ過ぎポイン

Q43 投資における短期・長期の見方は

Answer Point
♡長期のスタンスでものをみて戦略を練ります。
♡時代の流れを読むことが大事です。

♥鳥の目・虫の目・魚の目の3つの目

　経営コンサルティングの場面で登場する言葉です。経営者の訓話ともなっているこの「3つの目」は、物事の捉え方を表しています。
　「鳥の目」は、大局を見ることで、大きな視点で物事を判断します。
　「虫の目」は現場での実態把握、現場で起こっている詳細な内容を理解する目です。
　最後の「魚の目」は時の流れを把握することで、過去からの経年変化をとらえます。時代の流れを読み取る目です。時系列で物事を把握します。
　経営では、判断は「鳥の目」で行い、決断は「魚の目」でするとよいといわれています。「虫の目」は判断するための道具といわれています。

【図表83　投資判断の視点】

鳥の目	大局を見る。大きな方向性を知る
虫の目	現場の詳細を把握
魚の目	時代の流れを読む

♥投資における判断は

　投資においては、「鳥の目」は長期のトレンド把握になるのでしょう。お金の動きや各国の経済政策などから、おおむね円安方向か円高方向かを判断します。
　その材料として「虫の目」、つまり足もとで起こっている投資家の動き、年金などの大きなお金の動きを詳細に把握します。
　ここで重要なのが「魚の目」です。時流を読むことでトレンドに逆らわない投資を行うことです。日本は買われているのか売られているのかを、「虫の目」で集めた材料をもとに、「鳥の目」で判断し、「魚の目」で確認して決

断します。

　どの「目」の視点の話かを整理して聞くと、ニュースやセミナーも、よく理解できるようになります。

♥投資における「鳥の目」

　長期判断といっても、何十年も先の話ではありません。まずは、今世界で何が起こっているのかを判断します。主にアメリカがどうなるかが重要です。

　一般的には新聞やニュースでその情報を得ます。コメンテーターもその立場によって意見が異なります。全く異なる発言の場合、どちらを信じてよいか迷います。基本的には、どこの国も、自国の成長を願います。自国有利に物事を運ぼうとします。

　アメリカの経済が停滞しているなら、ドル安政策で貿易に有利に働こうとします。アメリカ経済が成長期に入っているなら、ドルの確保から、ドル高政策に入ります。今のアメリカにとってどちらが有利かで、ある程度の長期判断はできると思われます。

♥投資における「虫の目」

　経済状況が悪化すると、株より債券が買われ、長期金利は低下します。なにせ、債券は、発行母体が破たんしない限り、何年か後には必ず償還されるので株より安全とされています。

　金利差を考え、たとえば日米金利差で、ドルを買うか円を買うかの動きになります。アメリカの経済指標の発表内容により、短期的には為替は変動します。

　さらに、中国の経済指標も大事です。

♥投資における「魚の目」

　「鳥の目」で判断した今後の為替の動きから、今の足元の方向性、為替の方向感を確かめます。今日一日どう動くかのトレンドを探ります。昨日夜のアメリカの経済指標の発表内容などから、今日一日のトレンドを探ります。

　取引通貨国の状況を把握し、その国の経済は強くなるのか、それとも弱くなるのかを判断します。

　トレンドをしっかりとつかみ、「虫の目」で相場に入るタイミングを計ります。あとは、トレンドに乗るか、即退場するかの判断になります。

Q44 短期トレード・長期トレードってなに

Answer Point

♡短期トレードは、一刻も早くマーケットから退場する投資です。
♡長期トレードは、トレンドを重視し、収益を大きく伸ばす投資です。

♥短期トレードというのは

デイトレードという言葉があります。その日中に決済する投資で、あまり長くマーケットにはいないという方法です。

チャートを見て、今後の動きを予測してポジションを決めます。短期トレードであっても「鳥の目」は必要です。大まかな方向感は持っておいたほうがよいでしょう。

思惑と違う動きになっても、方向感が「鳥の目」での判断と同じであれば、いずれは収益を生むポジションになるかもしれません。

♥長期トレードというのは

1日で手仕舞うのではなく、もう少し長めにポジションを保有し、大きな収益を狙うやり方です。短期は細かくたくさんの収益を積み重ねるのに対し、長期はトレンドに任せて収益を狙うやり方ですから、「鳥の目」で判断したスタンスを持ち続けるイメージです。

ただ、長期といっても何年も持ち続けるというものではありません。目標収益を達成したら利益確定します。

保有期間中は含み損（評価がマイナス）を抱えることもよくあります。ロスカットには十分に気をつけましょう。

♥マーケットは流動する

マーケットは常に変動しています。大きな視点で方向感を決めても、必ずその通りに動くとは限らず、少しの社会情勢の変化で、大きくぶれることがあります。

収益を得ることができたら、長期、短期にかかわらず、利益確定してマーケットから退場するのがよいでしょう。

Q45 チャートってなに・見方や使い方は

Answer Point
♡過去の価格の推移を表したものがチャートです。
♡チャートの習性を分析し未来を予想するのがテクニカル分析です。

♥チャートというのは

　チャートとは、価格をグラフにしたものの総称です。横軸に時間（右方向が最新）、縦軸に為替レート（図表85の場合は日本円）をとります。

　グラフの書き方はたくさんあります。最も単純なチャートは単なる折れ線グラフである「止め足」ですが、日本で最もよく使われるチャートとしては「ローソク足」があります。図表85はドル／円のローソク足5分のチャートです。

　ラインチャートは、終値だけをとったもので、大まかなトレンドを計るのに適しています。

【図表84　ローソク足チャートとラインチャート】

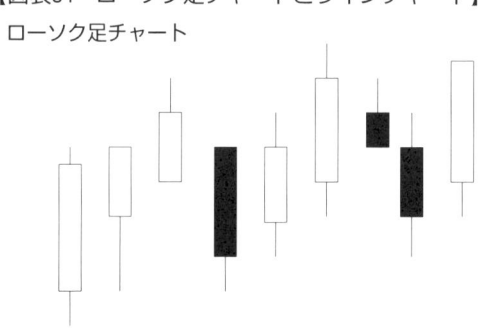

ローソク足チャート

含まれる情報は多い

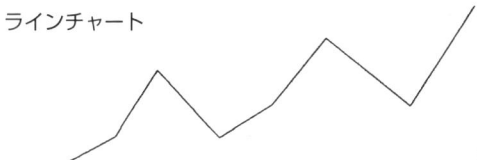

ラインチャート

全体のトレンドをつかむ

♥ローソク足のチャートの種類は

　１本のローソクの長さが１分、５分などの分足や、時間を表記している時間足、その他日足、週足、月足とあります。

　今日、明日という短期の為替の方向性を判断する場合には日足チャート、トレンド（上昇、下落の傾向）を見る場合には週足チャート、もっと長期のトレンド（鳥の目）は月足を使います。

　実際の投資を行うとき（いつ買っていつ売るなど）は、主に分足で投資を行うことが多いです。

【図表85　ドル／円チャート５分足】

ドル／円チャート５分足 Yahoo 外国為替より

USD/JPY 日時：2010/07/13 14:23
BID:88.524 ASK:88.543 高値:88.852(09:21) 安値:88.478(12:49)

♥ローソクの読み方は

　１本のローソクが１分、５分、１時間と時間を表し、その時間内の始値、終値や最安値、最高値が読めるようになっています。

　白いローソクは「陽線」と呼ばれ、始値より終値が上がった場合で、黒塗りのローソクは「陰線」と呼ばれ、始値より終値が下がったものです。ローソクが大きいほど値幅が大きかったことになります。陽線が続くとトレンドは上昇と判断できます。

　ローソクの上下の線は「ひげ」と呼ばれます。ローソクの下のひげの最先端は最安値、ローソクの上のひげの最先端は最高値を表します。

　ローソク一本で、始値、終値、最安値、最高値、その値幅、上昇で終わったか下落で終わったかと、たくさんの情報が盛り込まれています。

【図表86　ローソクの陽線と陰線】

　　　　最高値
　　　　終値
陽線　　　　　　陰線
　　　　始値
　　　　最安値

上昇トレンド　　　　下降トレンド

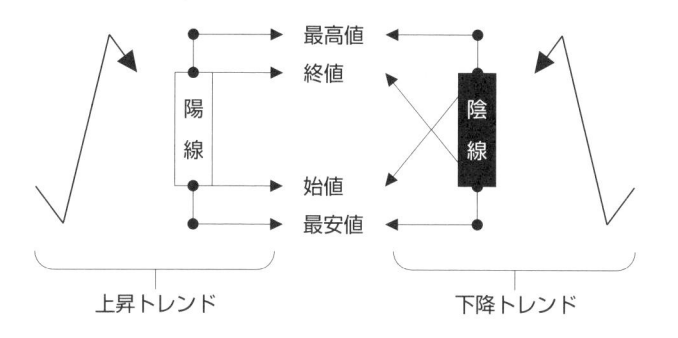

【図表87　ローソク足から見る相場の勢い】

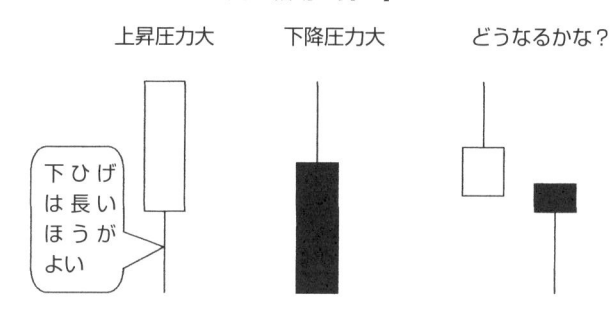

上昇圧力大　　下降圧力大　　どうなるかな？

下ひげは長いほうがよい

　陽線が続くと次も上昇するかも？　陰線が続くと次も下落するかも？　このひげの状態、最後は上げて終わるか下げて終わるかで次の局面は変わることが多いです

【図表88　ローソク足の窓】

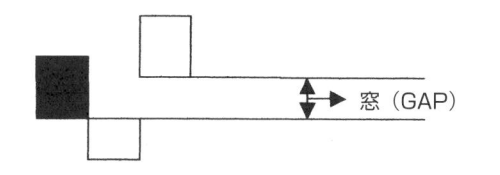

窓（GAP）

窓はその後埋めることもあります。左図の場合、窓分が下がることもあります。

　図表88のローソク足の窓は、相場が一瞬に大きく動いたときに現れます。取引をしていない期間の後の再開時（たとえば月曜日の朝）にも、現れることがあります。上に大きく窓を開ければ上昇圧力が大きいと判断できます。
　また、その窓を埋める動きも見られます。上昇して窓が発生したら、その窓と同じ幅で下落するという現象もよく見られます。短期トレードでは、「窓」は、非常に注目されます。

Q46 チャートの活用：抵抗線と支持線・トレンドラインってなに

Answer Point
♡抵抗線と支持線、トレンドラインは、とても重要な情報です。
♡チャートの分析は、今後の価格変動を予想するうえで、プロの投資家がよく利用します。

♥抵抗線・支持線というのは

　チャート分析において、重要なものに「抵抗線（レジスタンス）、支持線（サポート）」という情報があります。

　これは、相場の転換を表すもので、チャートの動きが反転した頂点同士、底同士を結んだものですが、上昇しようとした動きの頭を押さえる形になるのが抵抗線、下がろうとしているものを下で支える形になるのが支持線と呼びます。

　抵抗線はある時点で支持線になり、逆に、支持線はある時点で抵抗線になります。

【図表89　抵抗線と支持線】

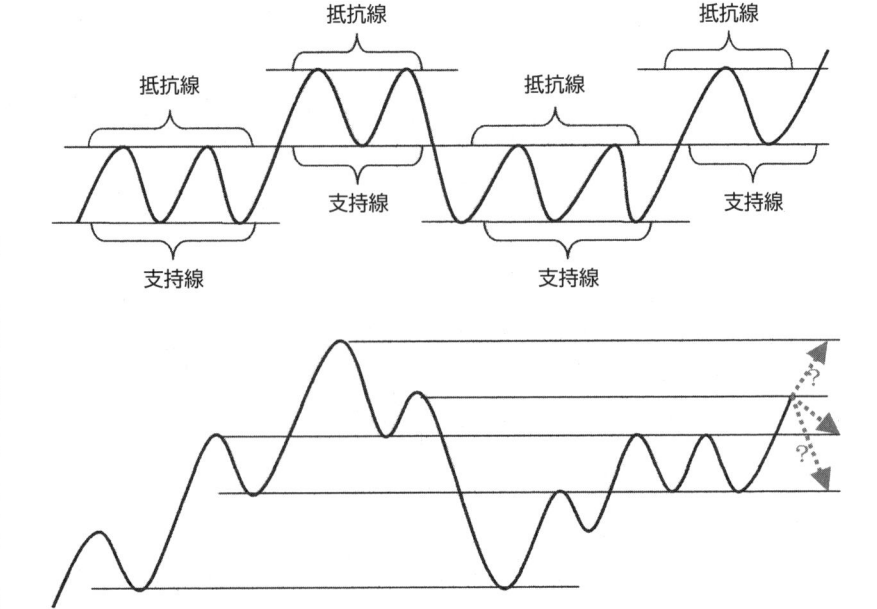

❻FX取引での勝つテクニックは

♥ トレンドラインというのは

　トレンドとは、今後どのように動いていくか（上昇か下降か）を探るもので、上昇トレンドを見るときはボトム同士を結び、下降トレンドを見るときはトップ同士を結びます。その際、複数の転換点があることが一般的ですが、より緩やかな傾きとなるものを優先させます。

　今後おおまかにどちらの方向に向かっていくのかを、トレンドラインで把握しておくことが大事です。その方向性を中心に戦略を組み、目先の動きで「買い」か「売り」を判断します。

　方向性を上昇と判断し、「買い」ポジションを持ったが逆に触れた場合でも、トレンドが上昇ならいつかは取り戻せます。Q43でも述べた「鳥の目」「虫の目」「魚の目」の考え方です。

　重要なのは「魚の目」です。それを探るのに重要なのがトレンドラインです。必ず月足、週足、日足すべてでトレンドラインをチェックしてください。

　月足は長期の動き、週足は今後の方向性を探るのに適しています。

【図表90　トレンドライン】

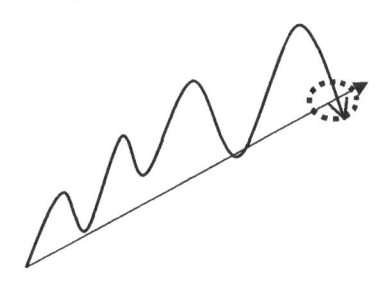

○上昇トレンド　　　　　○下降トレンド

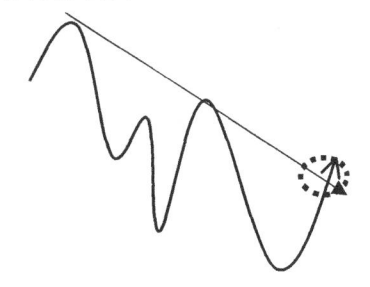

♥ トレンドの転換

　図表90の の部分は、トレンドラインを実際のチャートがクロスしているところで、まさにトレンドが転換するところと予想されます。ここで、マーケットにエントリーすることを多くの投資家は狙っています。

　この転換点を探るためにテクニカル分析を行っています。抵抗線や支持線、トレンドラインに加え、チャートの動き（形）から、過去の経験に従い今後を予想します。それがチャート分析の目的ともいえます。

　トレンドに沿って取引をする（順張り）のは、コツコツと収益をのばすことになり、トレンドの転換を狙う取引（逆張り）は、一回の取引で大きな収益を狙う手法に用います。それだけトレンドを読むことは重要です。

Q47 チャートの活用：三角持ち合いってなに

Answer Point
♡チャートのパターンを覚えておくのは大きな武器になります。
♡三角持ち合いが終わると、相場は大きく動く傾向にあること
を知っておくべきです。

♥4つのチャートパターン

　チャートはおおむね4つの形に分類されます。上昇トレンド、下降トレンド、ボックス相場、三角持ち合いです。
　この中で方向感がないのがボックス相場と三角持ち合いになります。

【図表91　上昇トレンド、下降トレンド、ボックス相場のイメージ図】

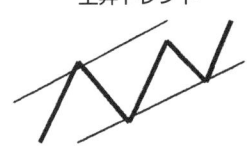

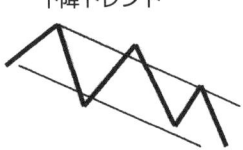

上昇トレンド　　　下降トレンド　　　ボックス相場

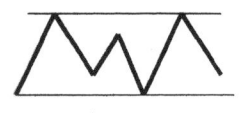

♥三角持ち合いというのは

　株価は上昇・下落をしながら動いていますが、高値も安値も更新できない相場では、上昇・下落の動きの過程で、株価の振幅が徐々に小さくなっていきます。
　この、上下の振幅が拮抗してきた"点"と、振幅が大きかった"最初の高値・安値"を結んだ線が三角形になるチャートの形を三角持ち合いと呼びます（図表92）。

♥三角持ち合いの特長は

　上下から抑え込まれた状況で、大きなマグマが内在している状況です。三角持ち合いが終わると、大きく上昇か下落かのどちらかに振れる傾向にあります。
　チャートの形によっては、上昇や下降が予想される形があります。上値を超えるか下値を超えるかの見極めがポイントになります。

【図表92　三角持ち合いのイメージ図】

大きく上昇へ？
大きく下落へ？

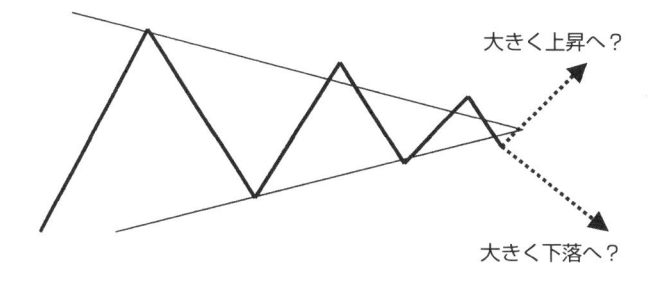

【図表93　上昇が予想される三角持ち合いのイメージ図】

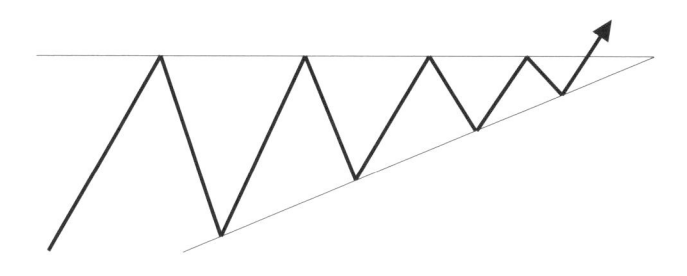

【図表94　下落が予想される三角持ち合いのイメージ図】

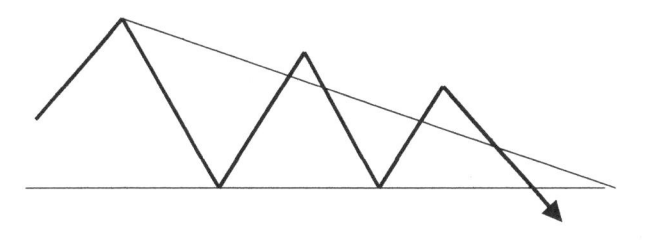

♥三角持ち合いが現れたときは

　日足のチャートで三角持ち合いが現れたら、チャートに線を引いて、目で三角形を確認してください。

　ファンダメンタルズ分析（Q58）でトレンドを見極め、いろんなテクニカル指標で売り買いを確認してください。

　三角持ち合いは、まさに相場が突き抜けるマグマを抱えています。上昇するか下落するかを見極めることができれば、大きく収益を伸ばすチャンスのサインでもあります。

Q48 チャートの活用：ローソク足の流れでトレンドを探るには

Answer Point
♡酒田五法という昔から使われている手法があります。
♡あくまでも参考情報として活用しましょう。

♥酒田五法というのは

　過去のデータにより、経験則からチャートがある動きを示す、ローソク足がある状況になると、次が大方どう動くか予想できるという典型的なパターンがあります。

　酒田五法と呼ばれるものがあり、これは江戸時代の米相場で活躍した相場師の本間宗久（ほんまそうきゅう）が見出したといわれ、相場全体の流れで起こり得るパターンを示しています。

　以下、酒田五法基本の5つのパターン（三山・三川・三空・三兵・三法）を紹介しましょう。

♥三山

　三山は、相場が下落に向かうときに見られる形です。上げ下げを3度繰り返して3つの天井（山）を形成するのもので、相場の大天井を表して、相場の終焉を表します。相場の下落の前兆です。真ん中の山が最も高い「三尊天井」が典型（図表95）で、ヘッド・アンド・ショルダーとも呼ばれています。山が3つでなく2つのケース（Wトップ）もあります。

　上記の逆パターン、つまり3つの底をつける「逆三尊」パターンでは、今度は強い上昇シグナルとなります。トリプルボトムとも呼ばれています。また、3つではなく、下に向けた山が2つの「Wボトム」もよく登場します。

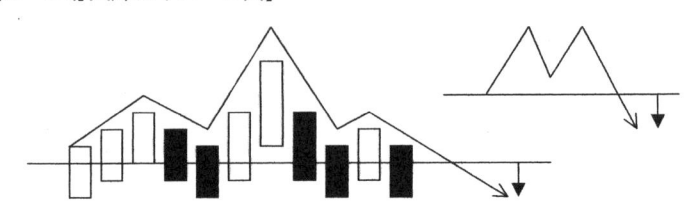

【図表95　三尊天井のイメージ図】

【図表96　逆三尊天井のイメージ図】

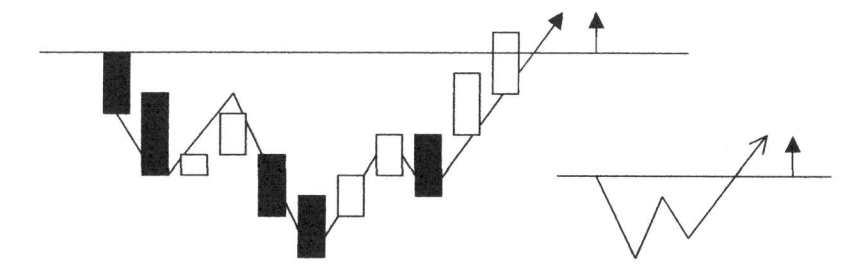

♥三川

　3本の線から相場の転換をとらえるもので、売り（下落）シグナルの例としては「三川宵の明星」、買い（上昇）シグナルの例は「三川明けの明星」と呼ばれるものがあります。

【図表97　三川のイメージ図】

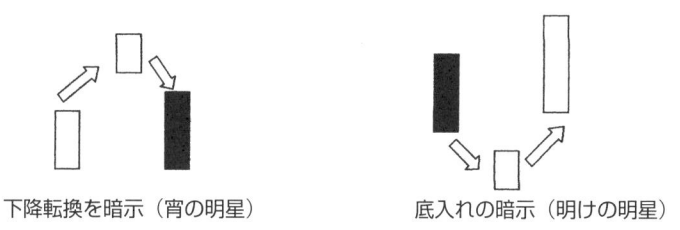

下降転換を暗示（宵の明星）　　　底入れの暗示（明けの明星）

♥三空

　三空とは、相場の形成過程で3つの空（窓）ができるパターンで、ポンポンと株価が飛ぶように上昇していきます。
　図表98のような三空の踏み上げは一気に天井を打つ公算が大きく、売りのサインとなります。まさに逆張り的な発想です。

【図表98　三空のイメージ図】

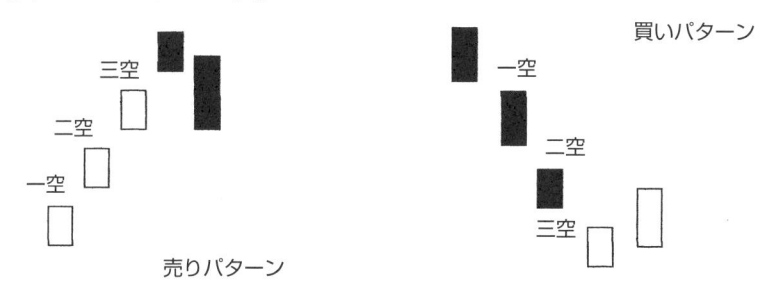

売りパターン　　　　　　　　　買いパターン

Q48　チャートの活用：ローソク足の流れでトレンドを探るには

♥三兵

　これは白いローソク足（または黒いローソク足）が3本続けて現れたものをいいます。陽線（白いローソク）が3つ並んだものが「赤三兵」、陰線（黒いローソク）が3つ並んだ形が「黒三兵」と呼ばれます。
　「赤三兵」は大きな上昇相場の前兆となり、逆に「黒三兵」は下げ相場のシグナルとなります。とくに、週足で赤三兵が出現すれば、相当長期の上昇トレンドといわれています。ただし赤三兵でも上ヒゲが出ていると上昇力は鈍っていると判断され、上昇でも注意が必要です（赤三兵先づまり）。

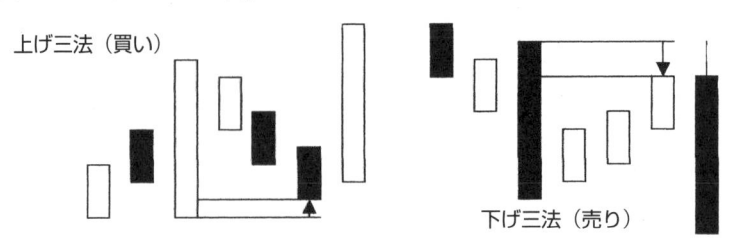

【図表99　三兵のイメージ図】

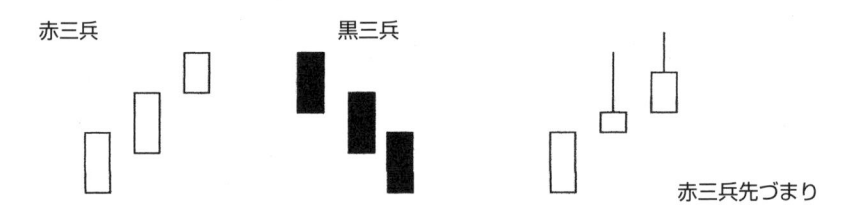

赤三兵　　　　　黒三兵

　　　　　　　　　　　　　　　　赤三兵先づまり

♥三法

　「上げ三法」は上昇相場で長い白のローソク（大陽線）が出た後、黒と白の短いローソクを3本はさんでまた大陽線が出る形です。中間の3本が先の大陽線の安値を下回らず、次の大陽線で一気に株価が戻ります。この逆が「下げ三法」です。
　上放れ三法、下放れ三法は、方向感が出たかと思ったらそれを打ち消されるという、よくわからない状況を表し、この状況下では「休み」といわれ、相場を張らないといわれています。
　「休むも相場」という格言もあり、損をしないコツともいえます。

【図表100　三法のイメージ図】

上げ三法（買い）　　　　　　　下げ三法（売り）

【図表101　上放れ三兵・下放れ三兵のイメージ図】

上放れ三法　　　　　　　　　　　　下放れ三法

休み

♥酒田五法の活用例

　上手の場合、「三川」でトレンドの転換（下落から上昇）があり、「三兵」で上昇の初期段階を確認し、「三法」と「三空」をくり返して「三山」で天井つつけて下落と、5つのパターンを組み合わせた相場を判断します。

　多くのチャートはローソク足を用い、そのローソクの現れ方で、次の相場を予想する方法は昔から用いられています。必ず、紹介したとおりになるとは限りませんが、ある程度の仮説は立てられます。他のテクニカル指標で確認しながら、その仮説が正しいかどうかを判断してください。

【図表102　酒田五法の活用例】

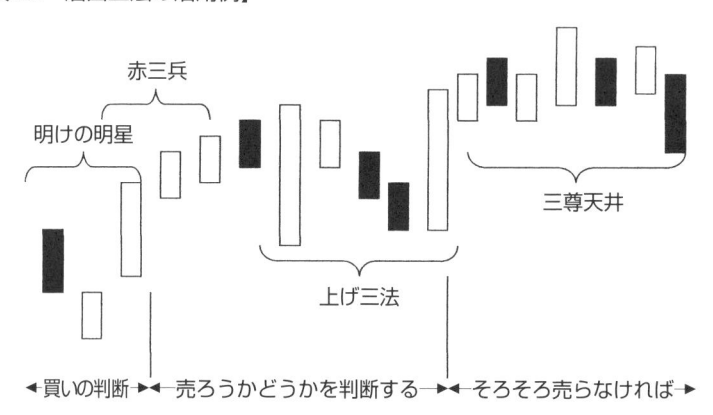

赤三兵
明けの明星
三尊天井
上げ三法

◀買いの判断▶◀売ろうかどうかを判断する▶◀そろそろ売らなければ▶

　FX投資での短期投資は、とくにデイトレや分トレ（分足を用いて行うトレーディング）の場合は、瞬時に次の展開を予想して、買いか売りかを判断します。古の方法ではありますが、ローソクの形を覚えておくことは決して損ではありません。

　まずは、ローソク足の出方、移動平均線の見方をしっかりと把握しておいて、その判断を検証するために、次項からのテクニカル指標を用いるようにしましょう。

Q48　チャートの活用：ローソク足の流れでトレンドを探るには

103

Q49 テクニカル指標ってなに・その使い方は

Answer Point
♡過去のデータ分析から将来を予測するのに使うのがテクニカル指標です。
♡トレンド系とオシレーター系の2種類があります。

♥テクニカル指標というのは

テクニカル指標とは、相場の動き、出来高、時間などのデータを加工して、現在の状態や今後の動向予想を分析するためにつくられた指標のことで、株取引や為替取引によく用いられます。

指標にはトレンド系とオシレーター系の2種類あります。

トレンドとは、流行を語るときによく用いられますが、投資においては今後の流れ、上向きか下向きかを表現するときに使い、上昇トレンド、下降トレンドと表現します。

オシレーター（oscillator）とは、為替レートの強弱の状態（主に「買われ過ぎ」「売られ過ぎ」など）を示す指標のことです。オシレーターは、振り子を意味し、相場が振り子のように変動することからこう呼ばれるようになりました。

0から100、もしくは、－100から＋100、－1から＋1のように表示される範囲が決まっているものや、ゼロラインを挟んで上下に振幅するものがあります。一定の範囲を前提としてつくられているため、その範囲を超えた動きをすると対応できなくなるという欠点があります。

オシレーター・ラインの基本的な見方は、「70以上は買われ過ぎ、30以下は売られ過ぎ」と判断し、逆張りの目安として利用されています。

♥テクニカル指標の使い方は

どこでマーケットに入ってどこでマーケットから退散するか、そのタイミングを計るのにテクニカル指標を使います。そろそろドルを買おうか、どのあたりでドルを売ろうかなど、実際に投資に参加する時期を、テクニカル指標から判断します。

買うタイミングに適している指標や売るタイミングに適している指標など、

【図表103　トレンド系のテクニカル指標】

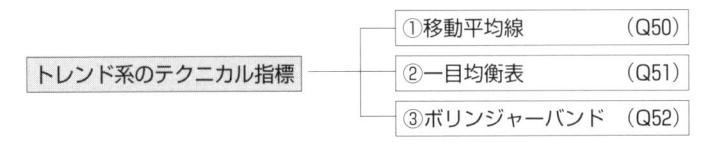

トレンド系のテクニカル指標
- ①移動平均線　　　　　（Q50）
- ②一目均衡表　　　　　（Q51）
- ③ボリンジャーバンド　（Q52）

【図表104　オシレーター系のテクニカル指標】

オシレーター系のテクニカル指標
- ①ストキャスティックス　（Q53）
- ②MACD　　　　　　　　（Q54）
- ③順位相関係数（RCI）　（Q55）
- ④相対力指数（RSI）　　（Q56）

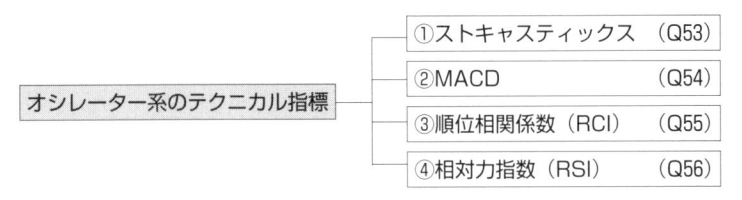

【図表105　テクニカル指標の使い方】

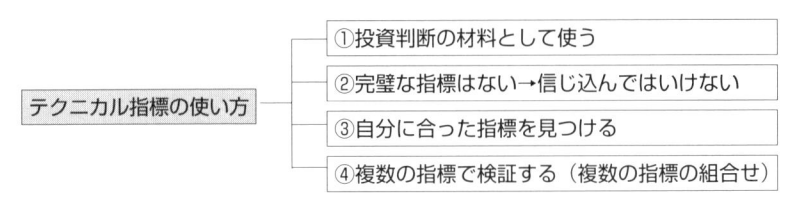

テクニカル指標の使い方
- ①投資判断の材料として使う
- ②完璧な指標はない→信じ込んではいけない
- ③自分に合った指標を見つける
- ④複数の指標で検証する（複数の指標の組合せ）

いろんな種類のものがあり、多くの投資家が頻繁に活用しているものもあります。ただし、100％的中というわけではありません。それぞれの特徴を良く理解して使いこなすことが大事です。

ここではあくまでもごく一般的なものを取り上げます。はじめての方にも使いやすいと思われるもので、かつ、多くの投資家が利用している指標をご紹介します。

それぞれの指標ごとに特徴があり、メリット・デメリットもあります。大事なことは、自分に使いやすい指標を早く見つけることです。

まずは試してみて、自分に合ったものを見つけることから始めましょう。また、複数の指標を使って検証する癖をつけるのも大事です。1つの指標にかたよると、大けがをすることもあります。

指標はあくまでも過去のデータに基づいたものが多く、完璧なものはありません。経済状況や政治的な要素により、相場は大きく変動することがあります。

「チャート崩し」ともとられるような、ヘッジファンドのような大きなお金の投機的集団などが大暴れすると、過去のデータが全く効かない状況になることもあります。あくまでも投資判断の材料と考えましょう。

Q50 移動平均線の見方・使い方は

Answer Point

♡ゴールデンクロス・デッドクロスやグランビルの法則で売買を判断します。
♡移動平均乖離率で相場の転換時を判断します。

♥移動平均線というのは

　移動平均線は、そのしくみの単純さからトレンド分析の原型とされ、多くの投資家に利用されています。ローソク足チャートによく描かれている曲線で、過去の一定期間の平均値がわかるものです。

　移動平均線は、相場と遅行する曲線を描く性質から、トレンドを確認する目的で利用します。トレンド分析とは、オシレーター分析と異なり、将来の値動きを予測するものではありません（図表107のチャート内の短期移動線と長期移動線の線が平均移動線）。

　よく使われる移動平均線は5日移動平均線と25日移動平均線で、期間を長く取れば取るほど線のカーブは緩やかに、短く取ればシャープな動きとなります。

　その区別は、長期間をサンプルとしてみるか短期間で判断するかということになります。外国人投資家は前述の「鳥の目」の判断の場合、200日移動平均線というのが長期のものを使うようです。

【図表106　移動平均線の計算式】

> 移動平均線＝対象期間の株価合計÷対象の時間単位数
> 具体的には
> 5日移動平均線＝5日前から当日の終値の合計÷5
> 　　　　　　5日前＋4日前＋3日前＋2日前＋1日前＋当日
> 25日移動平均線＝25日前から当日の終値の合計÷25
> 時間単位が分、週でも計算方法は同じです。

♥ゴールデンクロスとデッドクロス

　移動平均線を使った分析としては、「ゴールデンクロス」と「デッドクロ

ス」があります。

　ゴールデンクロスは短期線（2本のうち、期間を短く取ったほう）が上昇して長期線と交差して、上へ突き抜けたところです。それとは反対にデッドクロスは短期線が下降して長期線と交差して下へ突き抜けたところです。

　ゴールデンクロスが出たところが「買い」のサイン、デッドクロスが出たところが「売り」のサインといわれています。ただし、価格が横ばいのときなどにこのサインに従って売買すると、移動平均線は過去の数字の影響を受けますので、高値で買って安値で売ってしまう可能性があります。

【図表107　ゴールデンクロスとデッドクロス】

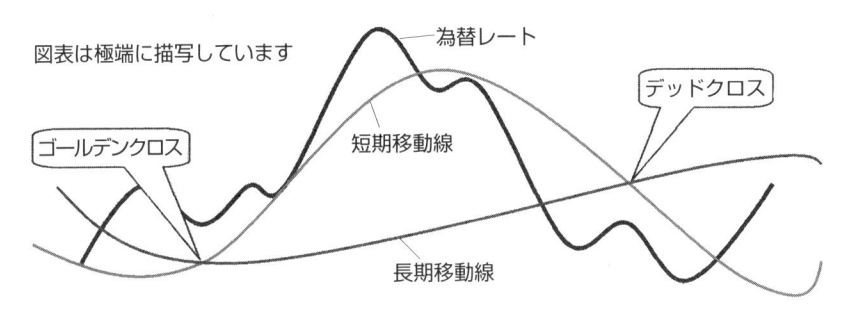

　株価が大きく下落して横ばい状態になった後に出現したゴールデンクロスは、その後の株価は上昇しやすいといわれています（図表108左図）。逆に、急落した後、急騰して切り返すようなV字型の上昇により出現するゴールデンクロスは要注意です（図表108右図）。

【図表108　2つのゴールデンクロス】

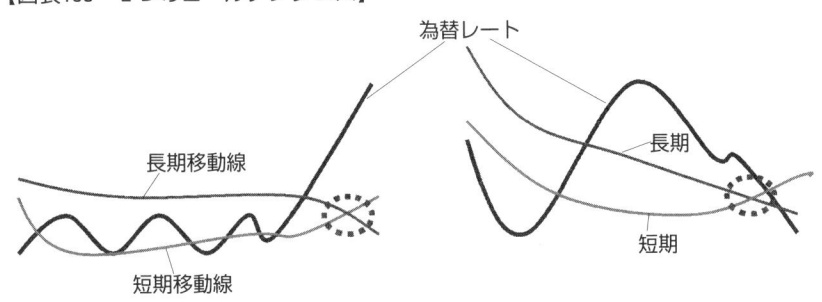

♥グランビルの法則

　移動平均線を普及させた、アメリカのマイケル・H・グランビルというアナリストによる「グランビルの法則」は、為替レートと移動平均線によって、売りポイントと買いポイントを判断するツールとして用いられています。

その内容は、図表109での○しるしの１〜４が買いシグナル、●の１〜４が売りシグナルというものです。

【図表109　グランビルの法則】

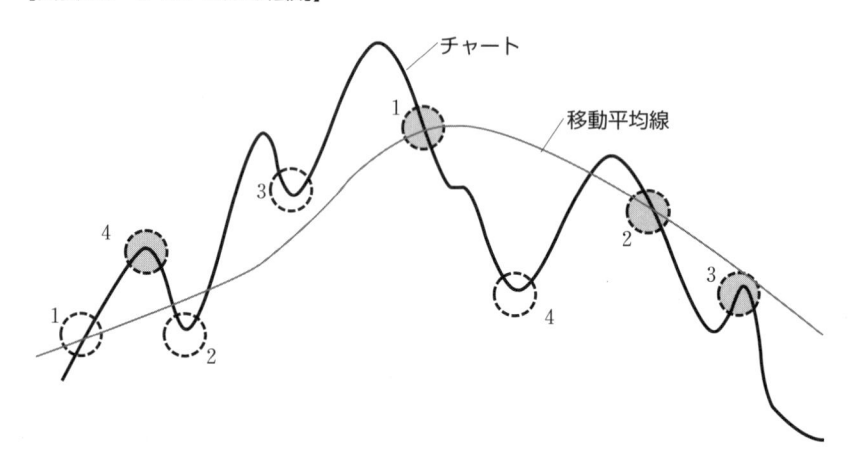

【図表110　買いポイント・売りポイント】

買いポイント	１．下向きだった移動平均線が、横ばいか上向きになり、為替レートが移動平均線を上に突き抜けたら買い ２．上昇している移動平均線を為替レートが下回った（割り込んだ）ものの、ふたたび移動平均線を突き抜けて反発したら買い（押し目買い） ３．上昇している移動平均線の上で、為替レートが下落したものの、移動平均線に触れずに反発したら買い ４．下降している移動平均線を為替レートが大幅に下回り（割り込み）、乖離が大きくなったら買い（リバウンド狙い）
売りポイント	１．上向きだった移動平均線が、横ばいか下向きになり、為替レートが移動平均線を下に突き抜けたら売り ２．下降している移動平均線を為替レートが上回った（越えた）ものの、ふたたび下落して移動平均線を突き抜けたら売り ３．下降している移動平均線の下で、為替レートが上昇したものの、移動平均線に達することなく反落したら売り ４．上昇している移動平均線を為替レートが大幅に上回り（越えて）、*乖離が大きくなったら売り

*乖離…為替レートと移動平均線の差（チャート上でいうと距離）のことで、ふつうは「移動平均乖離率」として％（パーセント）で表記します。為替レートが移動平均線よりも上にあれば乖離はプラス、逆だとマイナスです。
グランビルの法則では、乖離がマイナスに大きくふれたら買い、プラスに大きくふれたら売りといわれています。

♥移動平均線を有効に活用しよう

　移動平均線は、プロの投資家でもよく利用します。短期線、中期線、長期線と、チャートの上にラインを表示します。短・中・長の期間は、それぞれ好きなように変更ができます。

　一般的に、長めに設定するのは安定志向を好むときのようです。画面の初期設定は、短期は7日、長期は25日と設定されている場合が多いようです。

　マーケット情報でも、25日移動平均線を超えてきたとか、下回ったと表現するくらい、トレンドを見るのに長期戦はよく使われます。外国人投資家が重要視しているのは200日移動平均線で、チャートが、この線を下回るか、上抜けるかどうかに神経を注いでいます。

　前述のローソク足の形や出現の仕方、この移動平均線の動きから、相場の大まかな予想を立て、次項からのテクニカル指標で確認する習慣をつけるようにしましょう。

♥移動平均乖離率(かいり)というのは

　移動平均乖離率とは、為替レートが移動平均線からどれくらい離れているか（乖離しているか）を見る指標です。

　移動平均線は、価格の上げ止まり、下げ止まりとなる「抵抗ライン」として使うことができますが、この移動平均線の動き方の習性を利用して為替レートの転換予測をするテクニカル指標が移動平均乖離率です。

　移動平均線は、前述のとおり、為替レートが移動平均線に近づく、あるいはくっつくときにどうするかを判断するのに利用されます。

　移動平均乖離率は、「上がり過ぎれば下がり、下がりすぎれば上がる」という考え方で、移動平均線から大きく離れたら、上げか下げ止まると考え、相場が転換するタイミングを推測するときに用いられます。過去のチャートの動きから読み取り、売買のタイミングを計る際の参考にします。

　乖離率を見るときには、日足チャートの場合には25日移動平均線、週足チャートの場合は26週移動平均線を使用するのが一般的です。あくまでも参考ですが、移動平均乖離率がプラス10％以上となると天井をつける売りサイン、マイナス10％以下になると底になる買いサインといわれています。

【図表111　移動平均乖離率】

移動平均乖離率（％）　＝　（為替レート－移動平均値）÷移動平均値×100

Q51 一目均衡表の見方・使い方は

Answer Point

♡この指標は「いつ頃上がるか、下がるか、値幅はどれくらいかがわかる」といわれています。

♡いつ頃まで上昇あるいは下落し、いつ頃変化するかの将来予想を立てるのに用いられます。

♥一目均衡表というのは

一目山人（本名は細田悟一）が、多くのスタッフと、長年かけてつくり上げた相場分析手法で、買い方と売り方の両者の均衡が破れたほうへ相場が動く、そして、一目瞭然でそれがわかる、ゆえに「一目均衡表」と名づけられています。

この指標は「いつ頃上がるか、下がるか、値幅はどれくらいかがわかる」といわれています。

いつ頃まで上昇あるいは下落し、いつ頃変化するかの将来予想を立てるのに用いられます。

♥一目均衡表は5線の折れ線グラフから成る

一目均衡表のグラフは、ローソク足と5つの折れ線グラフ（転換線、基準線、遅行スパン、先行スパン1、先行スパン2）から構成されていて、先行スパン1と先行スパン2の間の面積が色塗られていて、この部分は「抵抗帯」とか「雲」と呼ばれる部分です。

それぞれ5本の折れ線グラフの計算式は、図表112のとおりです。

【図表112　5本の折れ線グラフの計算式】

①基準線＝	（過去26日間の最高値＋過去26日間の最安値）÷2
②転換線＝	（過去9日間の最高値＋過去9日間の最安値）÷2
③遅行スパン＝	当日の終値を26日遅行（時間を下げる）したもの
④先行スパン1＝	「（基準線＋転換線）÷2」の値を26日先行させたもの
⑤先行スパン2＝	「（過去52日間の最高値＋過去52日間の最安値）÷2」の値を26日先行させたもの

過去の日数は当日を含みます。遅行スパン以外は、終値ではなく、ザラ場

(「ザラにある普通の場」、つまり取引されている間という意味）の値段を基準としています。

【図表113　一目均衡表イメージ（図表は極端に描写しています）】

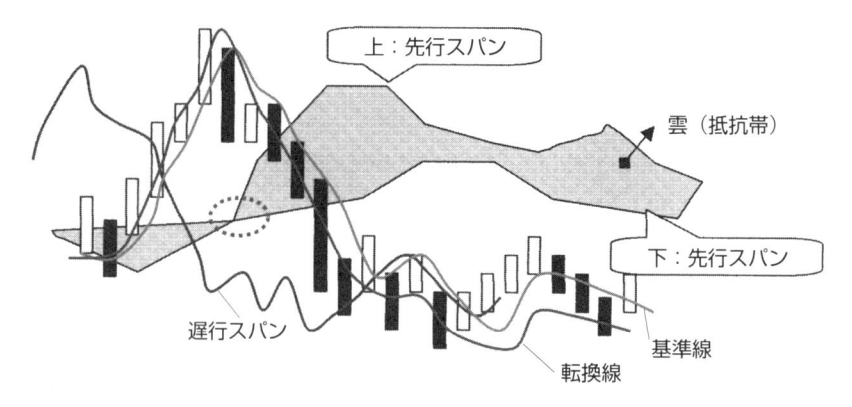

上：先行スパン
雲（抵抗帯）
下：先行スパン
遅行スパン
基準線
転換線

♥一目均衡表の見方「雲（抵抗線）」

　雲と呼ばれる帯は、先行スパン1と2の間で、大きな抵抗帯となっています。

　つまり、この雲の下にチャートが位置している場合、なかなか先行スパン2を上に抜けることができず、抜けても雲の中で停滞し、その上の先行スパン1を抜けて上昇していかない傾向にあります。

　逆に雲を抜けて上昇していけば、上昇の勢いがあるといえます。雲の上にチャートが位置している場合は、逆に雲は下にさがる抵抗帯となり、なかなか雲の下へと行かないと予想されます（図表114）。

　雲の厚さは、それだけ抵抗が強いことを示します。

　雲にはねじれが発生します。つまり先行スパン1と2が交差するところです。図表113の中の（ ）の部分です。

　このねじれが発生すると相場が転換しやすい、つまり、相場の転換点になりやすいということです。

【図表114　雲とチャート】

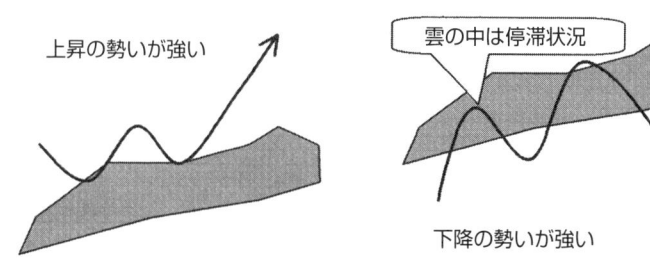

上昇の勢いが強い
雲の中は停滞状況
下降の勢いが強い

♥一目均衡表の見方「基準線と転換線」

　転換線は基準線よりもより直近の値がベースになっています。転換線が基準線を越えてくるとそれは買い相場と判断します（図表115のポイント①）。

　さらに、遅行スパンが実態のチャート（為替レート）を越えてくると盤石です（図表115のポイント②）。

　転換線が基準線を越え、遅行スパンがその近くのチャートを超える（図表115のポイント①＋②）ダブルのシグナルが出れば買い相場です。これが日足、週足の両方で現れれば、まさに買い相場といえるでしょう。

　一目均衡表では、この転換線が基準線を上方に突き抜け、基準線は上向いていて、さらに、遅行スパンが実態線（為替チャート）を上抜けると大きな買い場であることを探ります。

【図表115　基準線と転換線】

（為替レート、基準線、遅行スパン、転換線、ポイント①、ポイント②）

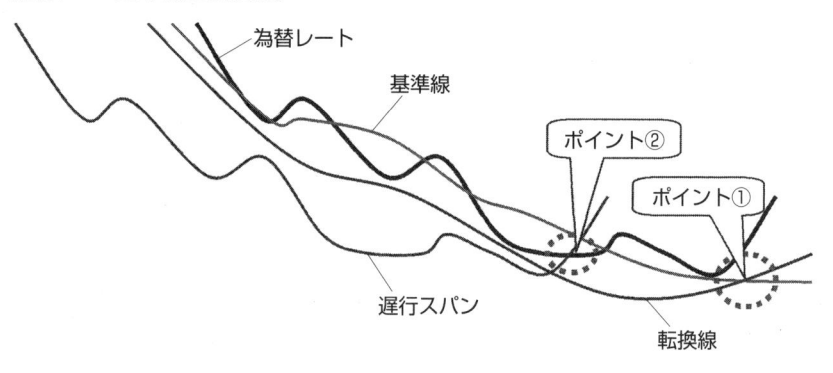

【図表116　一目均衡表での買いサイン】

一目均衡表での買いサイン
①基準線を転換線が下から突きぬける（転換線＞基準線）
②チャート（ローソク足）が雲を突き抜ける
③遅行スパンがローソク足の上方を上抜ける
⇩
3つが揃った場合は買い好転期が持続の可能性もあり

【図表117　一目均衡表での売りサイン】

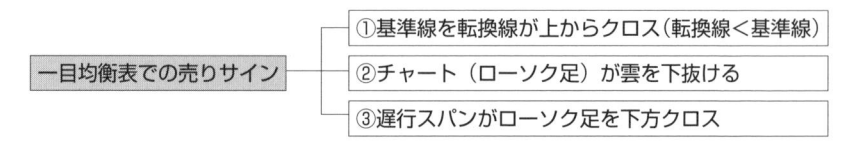

一目均衡表での売りサイン	①基準線を転換線が上からクロス（転換線＜基準線）
	②チャート（ローソク足）が雲を下抜ける
	③遅行スパンがローソク足を下方クロス

Q52 ボリンジャーバンドの見方・使い方は

Answer Point
♡ボリンジャーバンドは、移動平均線と標準偏差で構成されていて、相場の勢いの変化や反転の目安、方向を見る指標です。

♡標準偏差とは、個々のデータ（為替レート）が平均（移動平均線）からどのくらい散らばっているかを表すもので、標準偏差の単位は「σ（シグマ）」で表します。

♥ボリンジャーバンドというのは

ジョン・ボリンジャーが開発したボリンジャーバンドは、移動平均線と標準偏差で構成されていて、相場の勢いの変化や反転の目安、方向を見る指標です。

ここでいう標準偏差とは、個々のデータ（為替レート）が平均（移動平均線）からどのくらい散らばっているかを表すもので、標準偏差の単位は「σ（シグマ）」で表します。

一定期間のデータの標準偏差（シグマ＝σ）を算出し、移動平均線に対してシグマの1～3倍を加算したものをボリンジャーバンドの＋1σ～＋3σ、減算したものをボリンジャーバンドの－1σ～－3σとして表示します。

【図表118　ボリンジャーバンドのイメージ図（図表は極端に描写しています）】

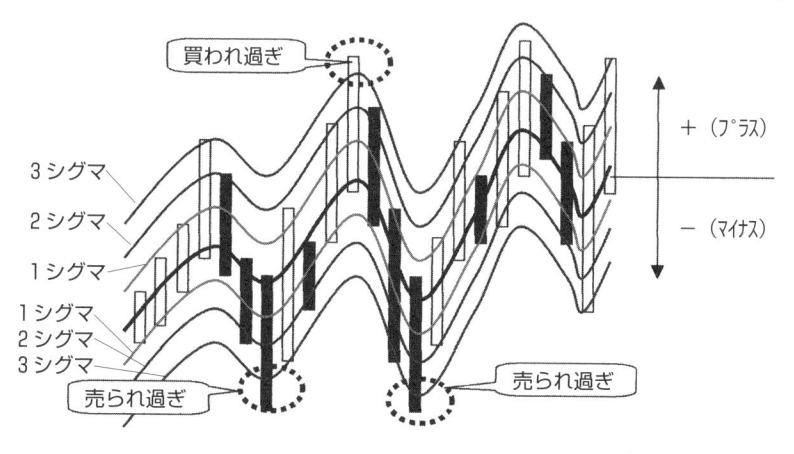

「買われ過ぎ → 売りのサイン」「売られ過ぎ → 買いのサイン」

【図表119　ボリンジャーバンドのデータの見方】

ボリンジャーバンドの±1σの範囲内に収まる確率	約68.26%
ボリンジャーバンドの±2σの範囲内に収まる確率	約95.44%
ボリンジャーバンドの±3σの範囲内に収まる確率	約99.74%

♥ボリンジャーバンドを抵抗線・支持線として利用

　抵抗線・支持線についてQ46で説明しました。今後の予想で、抵抗線でいったん上げ止まる、支持線で下げ止まるという感じです。たとえば、ボリンジャーバンドの「＋2σ」が抵抗線とイメージするなら、そのあたりで相場は転換すると予想できます。

　なお、売られ過ぎ、買われ過ぎの判断を「＋2σ」「＋3σ」で取るかは、一般的には、高値を売り、安値を買うというカウンターアタックのような投資手法（逆張り）をとる場合は「＋3σ」を、上がり基調を狙う、下がり基調を狙うなど、チャートの流れを追いかける（順張り）手法をとる場合は「＋2σ」を判断材料とするのが多いようです。

【図表120　抵抗線・支持線のイメージ（図表は極端に描写しています）】

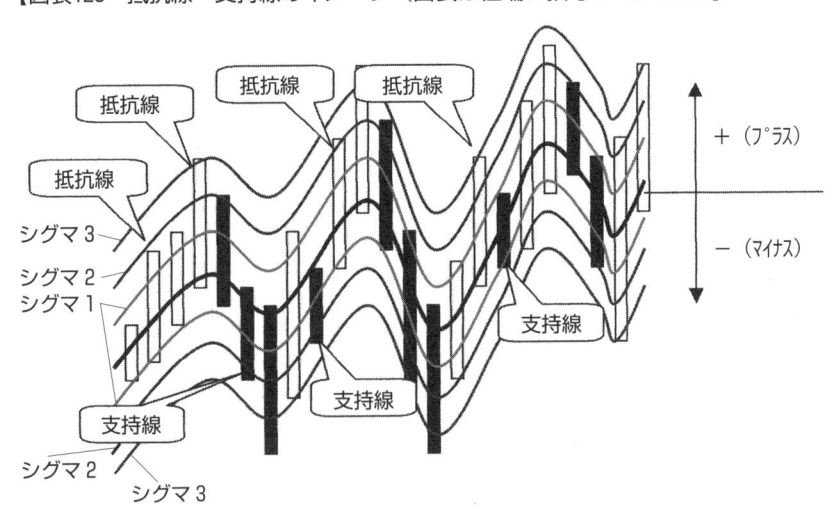

　ボリンジャーバンドの、ひとつひとつの線の計算式を覚えるのは大変ですが、全体を眺めて、このローソク足の周りの各線を、ローソク足自体が突き抜けるとことが「買われすぎ」「売られすぎ」と判断し、買われすぎなら「売り」を仕掛け、「売られすぎ」なら「買い」を仕掛けるタイミングを計るのに用いられます。

Q53 ストキャスティクスの見方・使い方は

Answer Point
♡テクニカル指標で、オシレーター分析の一種で、いわゆる「買われすぎ」や「売られすぎ」の状態を教えてくれる指標です。
♡価格上昇期であっても%Dラインの動きが弱いときは上昇圧力は鈍いと判案され、価格下落でも%Dラインの下げが弱ければさほど下がらないと判断します。

♥ストキャスティクスというのは

　アメリカのチャート分析家ジョージ・レーンによって考案されたテクニカル指標で、オシレーター分析の一種で、いわゆる、「買われすぎ」や「売られすぎ」の状態を教えてくれる指標です。

　ストキャスティクスは、過去9日間における高値、安値に対して、当日終値がどのような位置にあるのかを数値化することによって、価格の推移傾向を判断しようとするもので、0%から100%の範囲で推移します。

　通常、チャートでの分析では、上段にローソク足、下段にストキャストのチャートが表示されます。

　%Kラインと%Dラインという2本の線（数値）を使用します。%Dラインがより重要であり、主要な相場転換シグナルを発します。証券会社によっては%Dラインの1本での表記を用いている場合があります。基本的には、20～30以下が売られ過ぎ、70～80以上が買われ過ぎと見ます。

　ストキャスティクスなどのオシレーター系の指標は、相場が動かない、動いても小動きの域を出ない保ち合い相場で効力を発揮します。大きなトレンドの初期段階ではさほど有効ではなく、むしろ、買い売りサインが出ても、実際には逆に触れる「だまし」となるケースもありますが、トレンドの終了が近づくにつれて、再び有効となってくるのがオシレーター系の特徴です。

【図表121　一般的な計算式】

$$\%Kライン = \frac{当日終値 - 過去9日間の最安値}{過去9日間の最高値 - 過去9日間の最安値} \times 100$$

$$\%Dライン = \frac{（当日終値 - 過去9日間の最安値）の3日間合計}{（過去9日間の最高値 - 過去9日間の最安値）の3日間合計} \times 100$$

【図表122　ストキャスティクスのイメージ図（下図は極端に描写しています）】

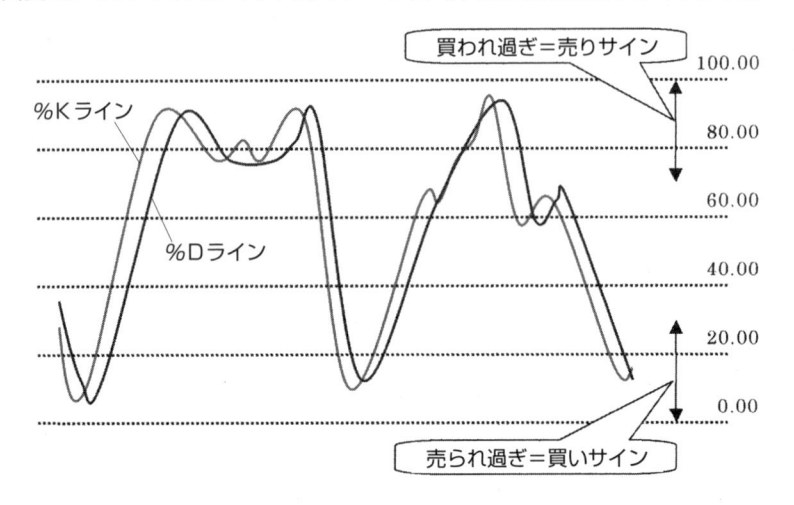

買われ過ぎ＝売りサイン
%Kライン
%Dライン
売られ過ぎ＝買いサイン

♥ストキャスティクスの使い方は

　％Ｄラインが70％以上のエリアにある場合は、買われ過ぎと判断され、高値警戒圏とされています。逆に、30％以下のエリアにある場合は売られ過ぎと判断され、底値圏と目されます。

　この70％以上、30％以下の水準で％Ｄラインが為替レート（価格）の逆の動きをすれば相場転換点近しとなります。

　価格上昇期であっても％Ｄラインの動きが弱いときは上昇圧力は鈍いと判案され、価格下落でも％Ｄラインの下げが弱ければさほど下がらないと判断します。

　また、％Ｋラインが％Ｄラインを下から上に突き抜けた場合は買いシグナル、％Ｋラインが％Ｄラインを上から下に突き抜けた場合は売りシグナルとされています。

【図表123　ストキャスティクスの売買タイミング】

買いシグナル	売りシグナル
％Ｋラインが％Ｄラインを「下→上」 70％以上のエリア	％Ｋラインが％Ｄラインを「上→下」 30％以下のエリア

　図表123のとおり、数字で「70％」「30％」を基準に、売られすぎなら「買い」、買われすぎなら「売り」の判断材料に使うのですが、相場の状況により、それがうまく機能しないこともよく見られます。最低でも２つぐらいのテクニカル指標を使いこなせるようにしておきましょう。

Q54 MACDの見方・使い方は

Answer Point
♡ MACDは「シグナル」という線とあわせて表示され、トレンドをはかるのに最もわかりやすい指標の1つで、為替レートの価格に対して少し先行性があるといわれています。

♥ MACDというのは

　MACDは移動平均を発展させより精度の高い分析をするために1979年にジェラルド・アペルによって開発された比較的新しいテクニカル分析です。
　よく「マックディー」と呼ばれたりしますが、正式名称は「Moving Average Convergence Divergence」といい、直訳すると「移動平均・収束拡散トレード法」となります。
　MACDは「シグナル」という線とあわせて表示され、トレンドをはかるのに最もわかりやすい指標の1つで、為替レートの価格に対して少し先行性があるといわれています。
　通常、チャートでの分析では、上段にローソク足、下段にMACDが表示されます。

【図表124　MACDのイメージ図（図表は極端に描写しています）】

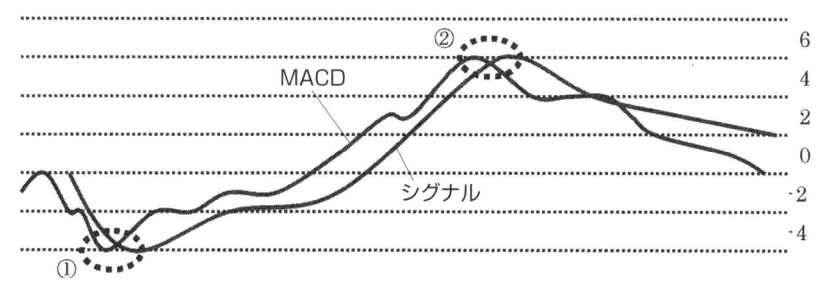

♥ MACDの使い方は

　一般的には、トレンド系として使うのであればMACDの向きを確認し（上向きなら上昇トレンド、下向きなら下降トレンド、横ばいはトレンドなし）、オシレーター系として見るのであれば、MACDの数値を確認する使い方をします。

例えば、トレンド系としての使い方は、相場が上昇トレンドの場合、MACDの向きを見て、上昇トレンドはまだ続いているのかを確認し、買いエントリーの準備を始めると効果的です。

オシレーター系としての使い方は、相場がボックス相場（ある一定の範囲で動く、値動きが激しくない状況）に突入した場合には、反転しそうなタイミングで数値を確認し、エントリーしたり、決済したりすると効果的です。

具体的なエントリーの方法は、MACDがシグナルを下から上に抜けることをゴールデンクロス（図表124の①）といい、上昇トレンドに転換されたとみなされ、買いのサインといわれています。

逆に上から下に抜けるのは、デッドクロス（図表124の②）で、下降トレンドに転換したとみなされ、売りのサインといわれています。

MACDの右側には数字が出ていますが、MACDとシグナルが、「0」ラインと交差することも重要なサインとなります。2本の線が「0」ラインを上抜いたときには上昇トレンドの継続を意味し、「0」を下抜いたときは下落トレンドの継続を意味します。

また、「0」より下の位置でゴールデンクロスが現れたときにはより強い買いのサイン、「0」より上でデッドクロスしたときは、より強い売りのサインだと考えられています。

♥ MACDの逆行現象（ダイバージェンス）

逆行現象（ダイバージェンス）とは、もともと「相違がみられること」という意味で、為替レートは上昇（下降）しているのに、MACDは下降（上昇）しMACDが値動きと逆行している状態のことをいいます（図表125）。

相場のトレンドとテクニカル指標のトレンドが逆行することは、相場の転換を暗示するものとされていて、相場の天底の出現を示唆する可能性が高いサインといわれています。

また、図表126のように、MACDが天井をつけるとき（図表126のⓐ）、その水準が前回つけたMACDの天井（図表126ⓑ）の水準よりも低いにもかかわらず、為替のチャートでは時点Ⓐの価格が時点Ⓑの価格よりも高くなっているときその後大きく反落する可能性が高いとされます（図表126参照）。

♥ MACD利用の注意点は

MACDは移動平均線を加工したものであるため、売買タイミングをはかるものですが、基本的にはトレンド系に分類されるテクニカル指標です。

【図表125　逆行現象のイメージ図①（下図は極端に描写しています）】

ローソク足

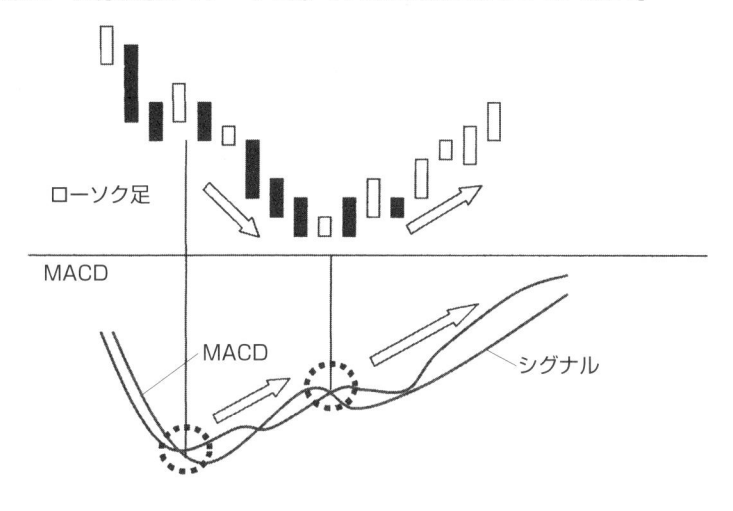

MACD

MACD

シグナル

【図表126　逆行現象のイメージ図②（下図は極端に描写しています）】

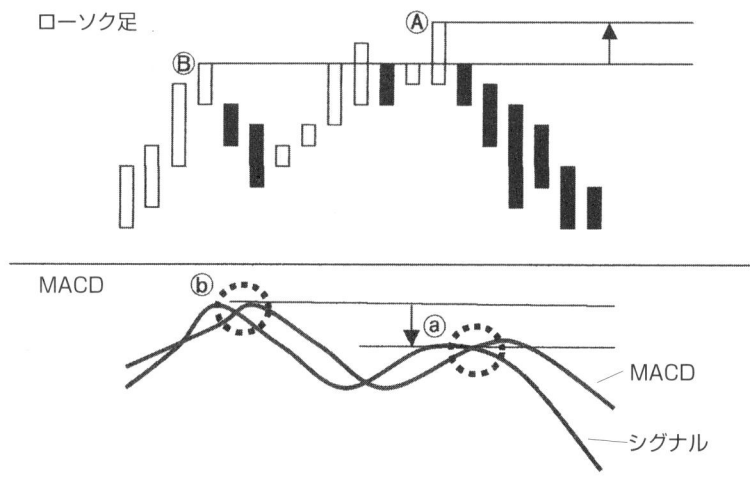

ローソク足

Ⓐ
Ⓑ

MACD

ⓑ
ⓐ

MACD

シグナル

　そのため、ボックス相場には弱い傾向があり、売買サインが出ても、相場が反応しない、いわゆる"だまし"が多く発生するリスクがあります。

　一般的には、NACDは新規売買のタイミングを見極めるのには適していますが、手仕舞いのサインが遅くなる傾向もあることには注意が必要なところでしょう。

　相場が大きく変動していないときには、参考にならないこともあり、プロも好む指標ではありますが、他の指標と併用することをお勧めします。

Q55 順位相関係数（RCI）の見方・使い方は

Answer Point
♡日数（一般的に9日）と為替レート（価格）それぞれに順位をつけ、両者にどれだけの相関関係があるのかを指標化しています。

♥順位相関係数（RCI）というのは

RCI（Rank Correlation Index）は、日本語に訳すと「順位相関指数」と呼ばれ、日数（一般的に9日）と為替レート（価格）それぞれに順位をつけ、両者にどれだけの相関関係があるのかを指標化しています（図表127）。

時間の順位に対する上昇の継続と下落の継続を表しますので、これは、上昇トレンドか下降トレンドかを判断するものといえます。RCIが0％となる局面は「トレンドのない状態」と考えることもできます。

通常のRCIは、「－100％～100％」の範囲で計算されることが多いのですが、証券会社独自で数値を修正して「0％～100％」などと表記している場合があります。

指標が上昇して高値水準（+100に近づく）にいれば割高、安値水準（-100に近づく）にいれば割安と見て、買われすぎ、売られすぎの判断をします。通常、チャートでの分析では、上段にローソク足、下段にMACDが表示されます。

♥順位相関係数（RCI）の使い方は

具体的には、RCIが「－100～－60」までの水準（ボトム圏）から反発してくれば買いシグナルと見なし、逆に「＋60～＋100」までの水準（ピーク圏）から反落してくれば売りシグナルと見なすことができます。

RCIの設定期間は短期・日足ベースでは10日から15日程度、週足では10週から30週程度が用いられます。

♥順位相関係数（RCI）の特徴は

RCIは週ベースには、相場観が上昇か下落かのいずれかに一旦傾くと、しばらくその傾向（トレンド）が続きやすいという相場の習性がよく表れる指

【図表127　順位相関係数（RCI）のイメージ図（図表は極端に描写しています）】

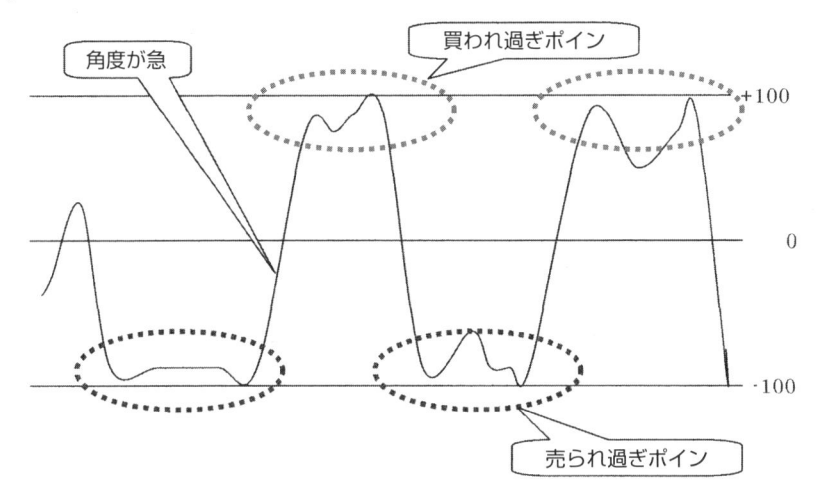

- 角度が急
- 買われ過ぎポイン〔ト〕
- +100
- 0
- -100
- 売られ過ぎポイン〔ト〕

標です。

　一旦プラスゾーンかマイナスゾーンのどちらかに移行すると、そのゾーンでの推移がしばらく続くことが多く、しかも、プラスゾーンからマイナスゾーン、あるいはマイナスゾーンからプラスゾーンへの移動は短期間で進行するという特性を持っています。

　すなわち、週ベースでRCIが「マイナス」から「プラス」に入ったところを買いのサイン、「プラス」から「マイナス」に入ったところを売りのサインと捉え、仕掛けのタイミングを測ることが可能となります。

♥ 順位相関係数（RCI）の注意点は

　RCIはもみ合い相場においてその効力を発揮し、もみ合うレンジの安値圏で買いを仕掛け、高値圏で売りを仕掛けるのに利用できます。

　ただし、強力な下降トレンド相場においては、RCIは「−40以下」のボトム圏で底這った状態が継続し、逆に強力な上昇トレンド相場では「＋40以上」のピーク圏に張り付いた状態が継続します。

　RCIの活用においては、もみ合い相場かトレンド相場かの見極めが肝要となります。

　したがって、急騰、急落の局面ではタイミングが取りにくい指標となっています。

Q56 相対力指数(RSI)の見方・使い方は

Answer Point
♡相対的に今の相場は強弱どちらに傾いているのかを表した指標です。

♥相対力指数(RSI)というのは

　自身もトレーダーであるアメリカのウェルズ・ワイルダーにより考案されたRSI（Relative Strength index）は、日本語に訳すと「相対力指数」と呼ばれ、相対的に今の相場は強弱どちらに傾いているのかを表した指標です。

　相場が上昇から下落、下落から上昇へと転換するときには「買い」、「売り」が一方向に偏りやすく、それを見抜くことで相場の転換を図ることができるという考え方の元につくられています。

　一定期間（一般的には14日）の価格の値上がり幅の合計と値下がり幅の合計をそれぞれ求め、それを図表128の式でRSI値を求めます。

【図表128　RSI値の計算式】

$$RSI = \frac{一定期間の値上幅合計}{一定期間の値上幅合計＋一定期間の値下幅合計} \times 100$$

　たとえば、14日間で上昇した日の値幅の合計と、下落した日の値幅の合計の比率が8：2になっていたら、RSI値は80となります。

　相場は常に上げ下げの循環の中で動くという仮定に立つと、RSI値が大きいと、上昇が続いている、あるいは上昇が多いと判断し、そろそろ下げると判断します。

　図表129は、チャートの動きと相対力指数（RSI）の動きの関係を表したものです。

　一般にRSI値が「20％～30％以下」のときは売られすぎ、「70％～80％以上」のときは買われすぎを表しています。

　したがって、RSIを用いる場合には20％～30％の買い準備帯と、70％～80％の売り警戒帯に入ったら、相場の転換を意識し始め、他の指標やサインなどにより転換を判断してから、売買行動に移す必要があります。

【図表129 相対力指数（RSI）のイメージ図（図表は極端に描写しています）】

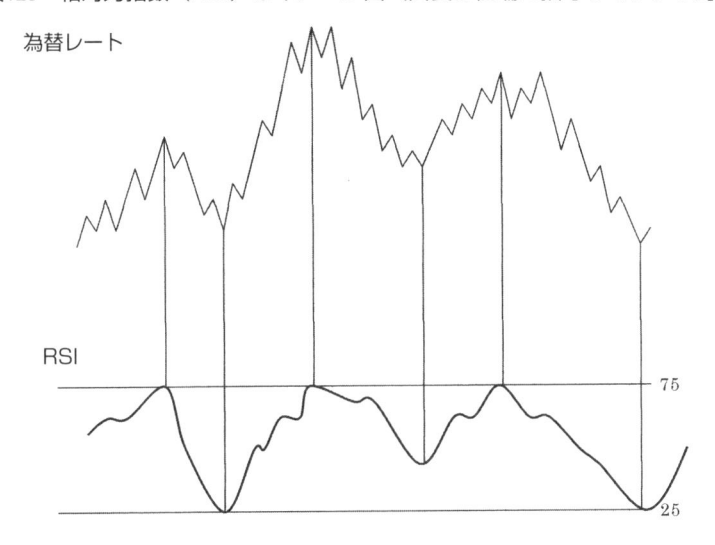

♥RSIの逆行（ダイバージェンス）

「ダイバージェンス」とは、値動きとテクニカル指標の動き方が逆行する現象のことで、RSIのテクニカルチャートでも、為替レート（価格）の動きと逆になるパターンがあります。とても重要なサインです。

これは、価格が上昇（下落）しているのにもかかわらず、RSIの指標が下降（上昇）した状態を指します（図表130）。

この場合、為替レート（価格）はRSIと同じ方向に動く確率が高い、とされていて、とくにRSIが70以上のレンジでダイバージェンスが出現したときは、その後に高い可能性で価格が下落に転じることが多いため、強い売りサインになるといわれています。

【図表130 RSIの逆行（ダイバージェンス）】

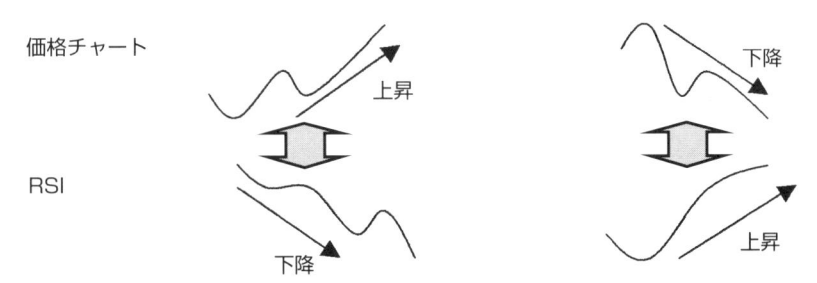

Q57 テクニカル指標の上手な使い方は

Answer Point
♡複数の指標を駆使して投資判断を確認します。
♡経済全体の流れを把握して、テクニカル指標で分析します。

♥テクニカル指標は100%ではない

　テクニカル指標は、売買タイミングをはかるときに用いられます。いつ買ったらよいか、いつ売ったらよいかを探ります。トレンド系のように、相場の方向性を探ったり、オシレーター系のように、相場の過熱感を探ったりします。

　ただ、それが必ずしもマーケットでの正解を出しているとは限りません。あくまでも確率の問題で、テクニカル指標を用いて、勝つ確率を上げるための道具です。

　テクニカル指標に頼りっぱなしではなく、全体の経済観（ファンダメンタルズ分析）からも判断するのが必要です。

♥一つのテクニカル指標だけに頼らない

　テクニカル指標には、それぞれに特徴はありますが、共通していえるのは、相場の状況で、あまり機能しないこともあるということと、「だまし」と呼ばれる現象があることです。

　前述のとおり、たとえば、あるテクニカル指標で相場上計と判断しても、実際とは異なることもよくあります。

　複数のテクニカル指標を使う習慣をつけましょう。いくつか試してみて、自分で使いやすい指標を探ってください。そして、相場にエントリーしようと思ったときには、全体の相場から判断し、複数のテクニカル指標で確認するようにしましょう。

　投資で大事なのは「経験」「勉強」「投資マインド」といわれています。勉強は何となくおわかりでしょう。

　投資マインドは強い精神力で、端的にいえば「損切できる勇気」かもしれません。そして「経験」は、実際に投資を行うということです。

❼ FX投資の心構えは

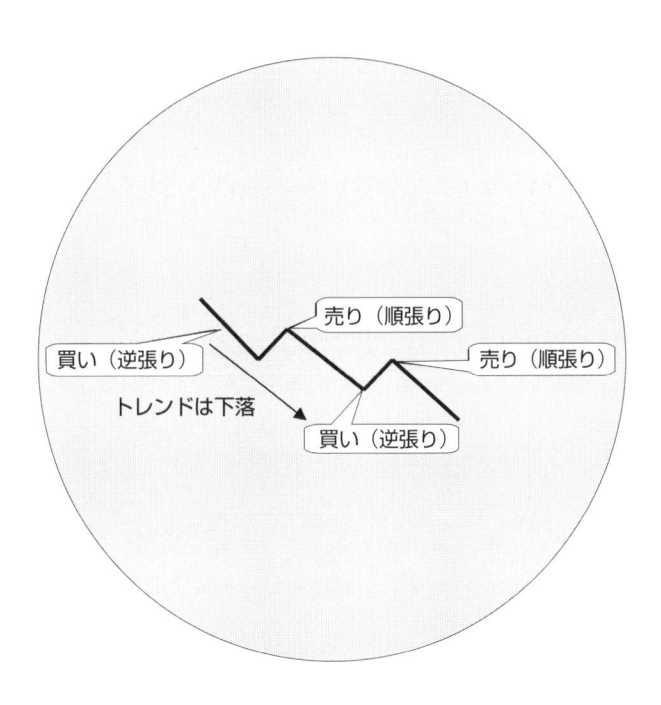

買い（逆張り）
売り（順張り）
売り（順張り）
買い（逆張り）
トレンドは下落

Q58 ファンダメンタルズ分析ってどういう分析のこと

Answer Point
♡経済指標や個々国の財政から分析します。
♡大きな相場の方向感を見極めるのに用います。

♥ファンダメンタルズ分析とテクニカル分析

　ファンダメンタルズ（fundamentals）は「基本・基礎」という意味で、ビジネスでは複数形で用います。投資の世界で「経済基礎」と訳し、経済活動の状況を示す基礎的要因、経済の基礎条件などと訳されます。

　経済全体を考えるマクロ面での使われ方は、為替における各国間の金利差や各国の景気状況などから、「日本のファンダメンタルズがよくなって景気がよくなる」などと使います。

　したがって、大きなトレンドを考えるときのファンダメンタルズ分析は、経済指標や各国の景気動向などから、今後、その国の通貨はどういう動きをするかと分析します。各国ごとの通貨事情（ミクロ）の判断では、財政や貿易収支など、国特有の指標から分析します。

　経済ニュースなどで、雇用統計などの経済指標を分析して今後を予想するのがファンダメンタルズ分析で、長期視野を判断するのに対し、テクニカル分析は、❻でも述べたチャート分析などを用いて、比較的短期の動きを分析するのに用います（図表131）。短期的に為替がどう動くかをチャートや大衆心理等から予想して、短期の投資を行うのがテクニカル分析です。

　どちらの分析方法も重要であるということです。テクニカル分析で長期視野を確認し、トレンドを見極め、テクニカル分析で売買タイミングをはかることが大事です。FX投資の場合は、テクニカル分析に頼りがちになるので注意しましょう。

【図表131　ファンダメンタルズ分析とテクニカル分析】

ファンダメンタルズ分析	長期視野を判断する手がかりで、トレンドを見るのに用いる
テクニカル分析	短期投資を行うツールで、エントリータイミングや手仕舞いのタイミングをはかる

Q59 トレンドフォローってなに

Answer Point
♡相場の流れに沿ってポジションを持ちます。
♡トレンドフォローは、勝率を上げ、長く続ける投資手法です。

♥トレンドフォローというのは

　ファンダメンタルズ分析で方向感を確認し、チャートやテクニカル指標で検証することを続けていると、テレビや新聞の経済ニュースをみて、投資をする以前に比べれば、内容が理解しやすくなっているはずです。

　あとは、自分の判断による投資での「勝ち」の確率を上げるために、経験を積んでいくことです。何度もテクニカル指標を使い続けていくことです。

　この、相場の方向感に沿って、投資を続けていくのが「トレンドフォロー」の投資手法です。

　そもそもの相場感が大事ですが、たとえば、上昇と判断して買いポジションを持ったとしましょう。そのあと、相場感通り、上昇していった場合、追いかけるように買いポジションをかぶせていきます。「買い」を繰り返していくのです。

♥トレンドフォローで「買い」「売り」タイミングをはかるのは

　為替が直近の高値を超えてきたら、上昇トレンドと判断し、買いポジションを持ち、逆に安値を超えて下げてきたら売りポジションを持つという考え方です。三角持ち合い（Q47参照）がブレイクしたときに大きくぶれる方向にのっていく方法もあります。

　相場の波に逆らわない手法で、テクニカル分析などでは、たとえば売られすぎのシグナルが出ていれば、買いのポジションを持つことを考え、上昇していけば買いを重ねていくという考え方です。あえて逆の、上げすぎたら下がるので、ある程度上がったところで「売り」から入ろうという考え方ではありません。

　大きく収益を伸ばすよりかは、コツコツと細かく収益を拾っていくイメージで、負けない投資を目指すのであれば、トレンドフォローの考え方で投資を行います。

Q60 順張り・逆張りの意味・使い方は

Answer Point
♡順張りは、トレンド通りにポジションを持ち、勝ち数を増やします。
♡逆張りは、トレンドと逆のポジションを持ち、大きな収益を狙います。

♥順張り・逆張りというのは

　順張りとは、相場の方向感、トレンドを考慮して、その流れに沿ってポジションを持つことで、小さな相場の動きも、最初に検証したトレンドに沿ってポジションを持ちます。

　逆張りとは、相場の方向感、トレンドを踏まえたうえで、小さな相場の動きは、大きな相場の動きと逆のポジションを持ちます。大きな収益狙いです。

【図表132　順張りと逆張りのポジション取りの違い】

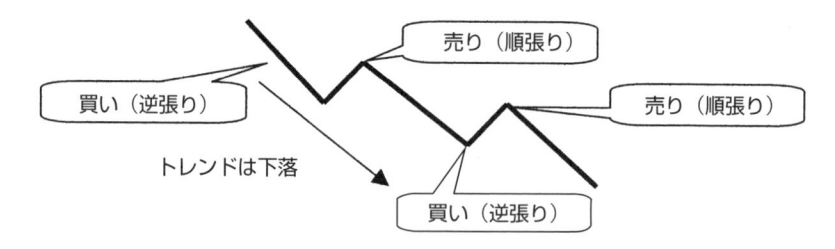

　買い（逆張り）　　売り（順張り）　　売り（順張り）
　　　　トレンドは下落　　　買い（逆張り）

♥「順張り」「逆張り」の考え方は

　多くの投資家は「逆張り」を好む傾向にあります。大きな収益を狙う手法ゆえに成功したときの達成感は大きいものがあります。そのため、一度でも成功すると、快感を忘れられずに逆張りを続けるのでしょう。

　ただ、予想と反した場合は、自分の判断の非を認めるのができず、証拠金を追加（追証）し続け、損切ができずに損失が拡大することがあります。

　底値で買って高値で売るとことは、相場の世界ではかなり難しいです。逆張りの場合はストップロスを必ず定めてください。下がったら損切する覚悟が大事です。

　一般的には、短期売買では「順張り」が、中長期投資では「逆張り」が適しているといわれています。ただしロスカットには注意してください。

❼ FX投資の心構えは

Q61 投資において初心者が行いそうな失敗は

Answer Point
♡自分の投資スタイルを確立しましょう。
♡Q9を参照に、勘に頼らない投資スタイルを確立しましょう。

♥経済の勉強をしないで投資を始める

投資家という肩書はなく、特別な資格も必要としません。誰でもいつでも名乗ることができます。医者や弁護士は、一定の勉強期間を経て、多くの経験を積んで実戦の現場に向かいますが、投資家は特別な準備もなく、すぐにマーケットに入ることができます。

Q58のファンダメンタルズ分析をするうえでも、為替がなぜ変動するのか、経済のしくみはどうなっているかなど、最低限の経済のしくみは勉強したほうがよいでしょう。

さまざまなツールを試し、自分のテクニカル指標を見つけ、さらに、投資家の心理の動きを知る行動心理学を学ぶのもよいでしょう。

「①勉強、②経験、③投資心理」に投資に勝つ要素があるといわれています。

♥逆張りを好み、損切をしない

投資は儲けるために行いますが、逆張りにより大きな収益を求めようとし、常に相場の逆を狙おうとします。そして安全弁であるストップロスを設定せず、含み損を抱えても損失を確定しなくなります。

この投資手法だと、何度か逆張りで勝ったとしても、1回の負けでそれまでの利益が吹っ飛ぶこともよくあります。

♥自分の投資スタイルを持っていない

最初は仕方がないですが、いろんなテクニカル指標を見て判断がつきかねるとか、いろんな人の話に振り回されるなど、自分というものをしっかりと持っていないときには、迷いからミスをすることがあります。

Q43での「鳥の目・虫の目・魚の目」の考え方で、長期、短期の投資スタンスを自分なりに見極めるように努めましょう。

Q62 勝つための投資の心構えは

Answer Point
♡強い投資マインドを持ち、常に欲と戦うようにしましょう。
♡冷静な判断を忘れないようにしましょう。

♥感情をコントロールできる人が常勝トレーダー

　評価損が出ている状況では、冷静になれずに、損切のクリックを押せなくなってしまいます。また、自分の感情をコントロールできないで、追加証拠金（追証）を増やしたり、逆張りを重ねたりしてしまいます。

　ポジションをもったときに、逆に動くことはよくあります。買ったら下がる、売ったら上がるというものです。相場では「買った後に下がるのは当たり前」「売った後に上がるのは当たり前」と思わないとたまりません。

　相場感が正しいと判断すればそのままポジションを持ち続け、大きく逆に動いたら投資判断上間違いだったと素直に認めて損切をすることです。

♥勝つ回数を増やすのが常勝トレーダー

　大事なのは勝つ回数を増やすことです。そのためには勝つ確率を上げるということで、それには、ファンダメンタルズ分析やテクニカル分析が必要です。

　野球に例えるなら、全打席ヒットを打てるバッターはいません。年間通じて3割以上のアベレージを求めて日々努力しています。

　投資も同じで、全ポジション必ず勝てるとは限りません。

♥損失額を少なくするのが常勝トレーダー

　利益を伸ばすことは、すなわち、大きく損をしないということです。収益が出ているときは、すぐに利益確定したがり、損失が出ているときは、逆転狙いでなかなか損失確定をしません。

　行動が全く逆です。利益が出ているときは、トレンドフォローで収益を伸ばし、損失はあきらめよく、早めに損失を確定させることが、勝つための大きなポイントです。

❽ FX投資の税金は

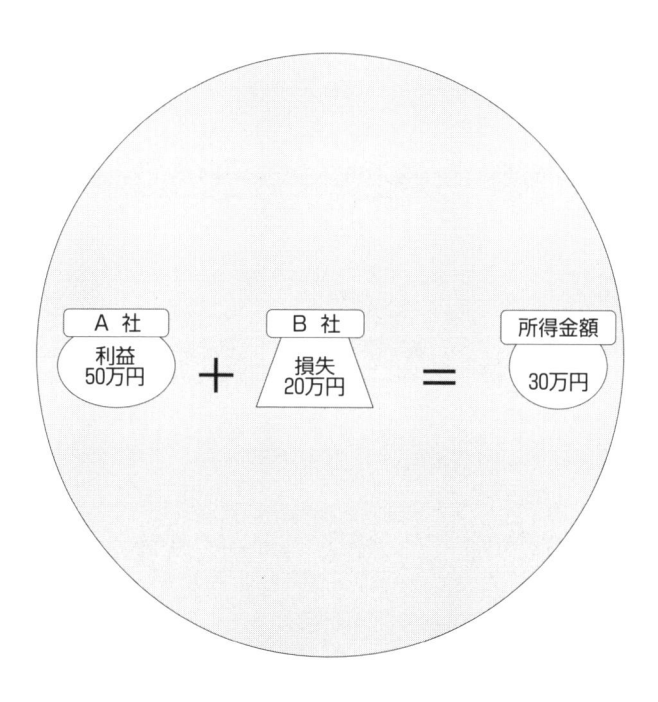

A 社		B 社		所得金額
利益 50万円	＋	損失 20万円	＝	30万円

Q63 FX投資にかかる税金は

Answer Point
♡売買益とスワップポイントの合計がFX投資の収益です。
♡その年の1月1日から12月31日の1年間の収益に税金がかかります。

♥FX投資にかかる税金は

　FX投資で課税対象となる収入は、1年間で決済が確定した売買益とスワップポイントです。ポジションを保有した状態での含み益は課税されません。

【図表133　FX投資での課税対象の収入】

売買益　±　スワップポイント（スワップ金利）＝FX投資による収入

【図表134　複数のFX取扱会社がある場合の課税対象の収入】

A社 利益50万円 ＋ B社 損失20万円 ＝ 所得金額 30万円

【図表135　FX投資での課税所得の計算方法】

所得金額　＝　収入売買益±スワップポイント（スワップ金利）－必要経費

【図表136　FX投資での課税対象の計算期間】

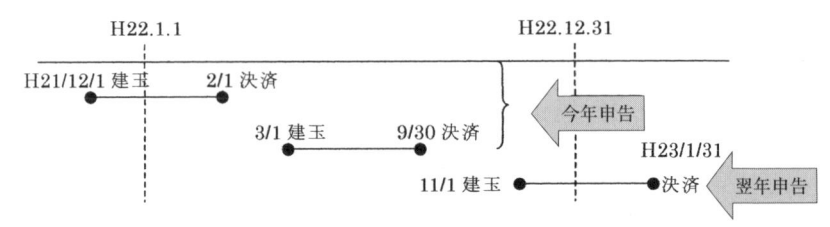

H22.1.1　　　　　　　　　　H22.12.31
H21/12/1 建玉　2/1 決済
　　　　　　3/1 建玉　　9/30 決済　　今年申告
　　　　　　　　　　　　　　　　　　H23/1/31
　　　　　　　　　11/1 建玉　　　決済　翌年申告

❽FX投資の税金は

Q64 取引所FX・店頭FXの税金の違いは

Answer Point
♡取引所FXは、くりっく365と大証FXの税率は一律20%です。
♡取引所FX以外の一般ものは店頭FXで、雑所得になり税率は15～50%です。

♥取引所FXと店頭FXとの税制比較

くりっく365や大証FXのように取引所で取引されるFX取引は、「先物取引にかかる雑所得」として「申告分離課税」という方法で課税されます。

申告分離課税とは、確定申告で他の所得と分離して個別に所得税を計算する方法で、税率は課税所得金額にかかわらず一律20%（所得税15%、住民税5%）です。

これ以外の店頭で取引されるFXは、「総合課税」という方式が適用され方法で課税されます。総合課税とは、確定申告で他の所得と合算して所得税を計算する方法をいいます。

税率は課税所得金額に応じて所得税と住民税をあわせて15%～50%となっています。

【図表137　取引所FXと店頭FXの税率比較】

取引所FX	課税所得金額	店頭FX
20%	195万円以下	15%
	330万円以下	20%
	695万円以下	30%
	900万円以下	33%
	1,800万円以下	43%
	1,800万円超	50%

♥取引所FXの税制面の特徴は

くりっく365や大証FXの取引所FXは、他の投資収益(株価指数先物、商品先物等の先物取引にかかる雑所得等)との損益通算や3年間の損失繰越が可能です。

ただし、株式の売却益、配当金は損益通算することはできません。

【図表138　取引所 FX で損益通算可能な雑所得】

> 商品先物取引
> 金や原油、穀物などの国内商品取引所における先物取引

> 有価証券先物取引等
> 日経 225 先物、オプションなど国内証券取引所における先物取引

> 金融先物取引
> くりっく 365、大証 FX などの国内金融取引所における先物取引

【図表139　損益通算の具体例】

くりっく365　200万円
日経先物225　▲50万円
　→損益通算→　課税対象　150万円

♥損益通算と損失の繰越しのしくみ

　くりっく365と大証FXは、同じ「先物取引にかかる雑所得」内で損益を通算した結果、その年に控除しきれない損失が生じた場合には、その損失額を翌年以降3年間にわたり繰り越すことができます。

　3年目に控除できなかった損失の額は繰り越すことはできません。

　なお、損失の繰越控除の適用を受けるためには、損失の生じた年について確定申告を行い、かつ、その後の年も確定申告を行う必要があります。

♥店頭 FX の雑所得というのは

　店頭FX取引ので生じた損益は、同じ総合課税に分類される他の「雑所得」

【図表140　繰越控除のしくみ】

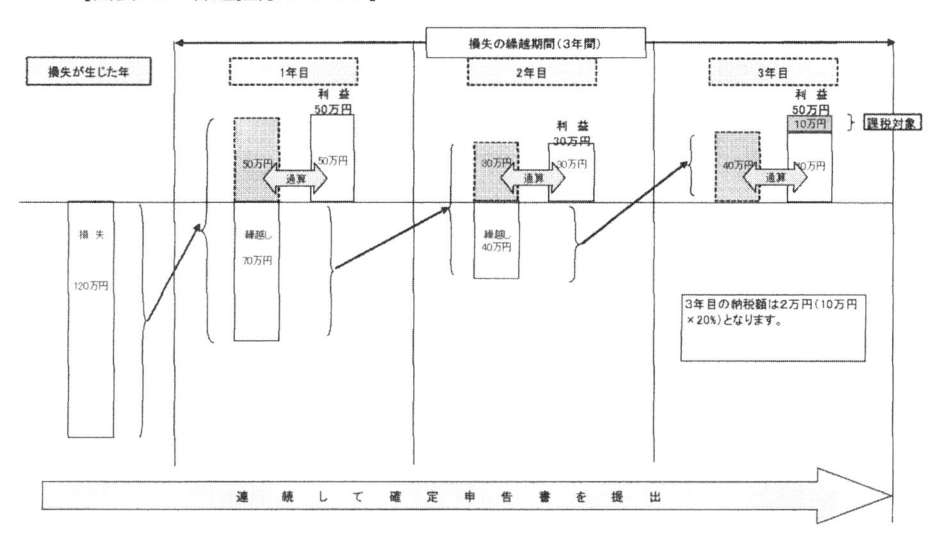

損失が生じた年　損失の繰越期間（3年間）
1年目　利益50万円　50万円　通算
2年目　利益30万円　30万円　通算
3年目　利益50万円　40万円　通算　10万円　課税対象

損失120万円
繰越し70万円
繰越し40万円

3年目の納税額は2万円（10万円×20％）となります。

連続して確定申告書を提出

と損益通算をすることができます。

ただし、他の所得（給与所得や事業所得など）とは損益通算をすることはできません。くりっく365や大証FXの損益とも損益通算することはできません。

【図表141　総合課税とされる雑所得】

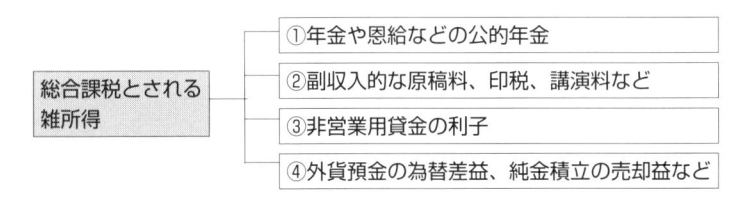

総合課税とされる雑所得
①年金や恩給などの公的年金
②副収入的な原稿料、印税、講演料など
③非営業用貸金の利子
④外貨預金の為替差益、純金積立の売却益など

【図表142　損益通算の具体例】

公的年金200万円
FX ▲50万円
損益通算
課税対象　150万円

Q65 FX投資に要する経費の申告は

Answer Point
♡必要経費とは、収入を得るために直接必要となる費用のことです。
♡領収書は、念のため5年分ぐらいは保存しておいたほうがいいでしょう。

♥必要経費というのは

必要経費とは、収入を得るために直接必要となる費用のことです。ただし、必ずしもすべての費用が必要経費として認められるわけではありませんので、申告の際には税務署や税理士に相談することをお勧めします。

また、領収書等を申告書と一緒に税務署に提出する必要はありませんが、後で税務調査等がある場合に備えて保存しておきましょう。通常の税務調査では過去3年間ぐらい遡りますので、念のため5年分ぐらいは保存しておいたほうがいいでしょう。

【図表143 必要経費の具体例】

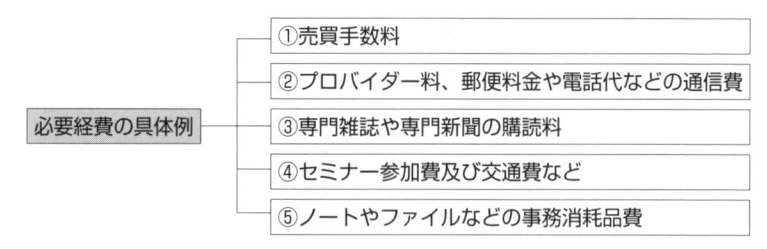

必要経費の具体例
- ①売買手数料
- ②プロバイダー料、郵便料金や電話代などの通信費
- ③専門雑誌や専門新聞の購読料
- ④セミナー参加費及び交通費など
- ⑤ノートやファイルなどの事務消耗品費

♥情報料には注意

単に情報料という名目で大きなお金を支出したものを経費として計上するなど、あいまいな項目やあいまいな使い道は、税務調査が入ったときに否認される可能性があります。

投資運用に関するアドバイスを受けるコンサルティング料も注意です。情報提供者の住所、氏名を明記した領収書を必ず受け取るようにしましょう。

また、高額な経費は、経費として否認されることがあります。金額にも注意をしてください。

Q66 FX投資をしている人の確定申告は

Answer Point
♡FX取扱会社（業者）から支払調書は税務署に送られています。
♡確定申告が必要な人は必ず申告をしてください。

♥FXで得た収入は、原則として確定申告が必要

　個人の所得に対して課税される税金を所得税といい、1月1日から12月31日までの1年間に発生したすべての所得が所得税の対象となります。

　確定申告とは、個人が1年間に発生した所得とその所得に対する所得税を自分で計算し、翌年の2月16日から3月15日までに税務署に申告納税することをいいます。

♥確定申告は必ず必要

　平成21年1月からすべてのFX取扱会社（業者）に支払調書の提出が義務づけられました。これにより、FX取引をしている投資家の住所、氏名および決済内容等が税務署に把握されることになりました。

　確定申告をしなければ、申告が必要な人を税務署はFX取引会社（業者）から情報は入手しています。

　該当する人は必ず申告をするようにしましょう。

♥確定申告が必要でない人は

　サラリーマンの場合、給与等の支払いが1か所かつ給与等の年間収入金額が2,000万円を超えない場合で、給与所得および退職所得以外の所得の合計額が20万円以下である場合は、確定申告は不要です。

　つまり、年間でFX投資で20万円を超える収益がない場合は、確定申告は不要です。

　専業主婦や無職の人の場合、FX取引などを含めた所得が38万円以下の場合は、確定申告は不要です（ただし、住民税の申告が必要な場合があります）。

　個々のケースについては、税務署や税理士に相談したほうがよいです。ほかの所得があるかないかで申告が必要な場合があります。注意が必要です。

【図表144　確定申告の必要・不要の区別】

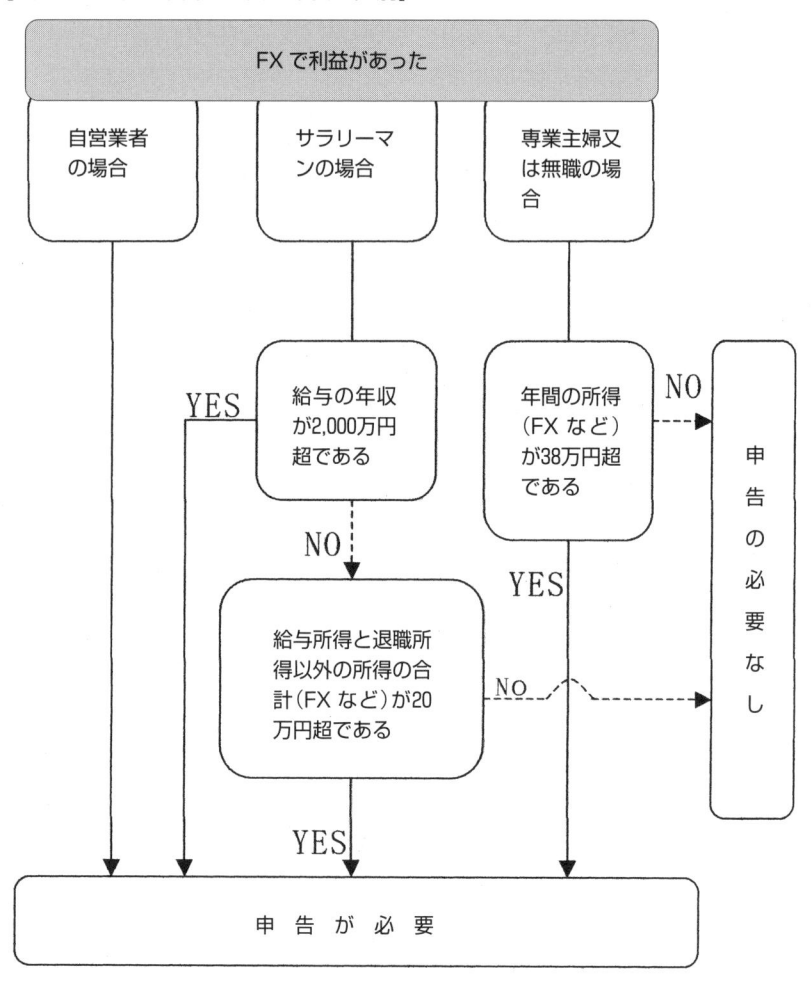

```
                    FXで利益があった
        ┌──────────────┼──────────────┐
    自営業者        サラリーマン     専業主婦又
    の場合           の場合         は無職の場合
```

- サラリーマンの場合：給与の年収が2,000万円超である
  - YES → 申告が必要
  - NO → 給与所得と退職所得以外の所得の合計（FXなど）が20万円超である
    - YES → 申告が必要
    - NO → 申告の必要なし
- 専業主婦又は無職の場合：年間の所得（FXなど）が38万円超である
  - YES → 申告が必要
  - NO → 申告の必要なし
- 自営業者の場合 → 申告が必要

♥住民税の申告は

　FX取引について確定申告を行うと、その内容は自動的に住民税にも反映されますので、あらためて住民税の申告をする必要はありません。

　住民税の納付方法には特別徴収と普通徴収があります。

【図表145　住民税の納税の方法】

特別徴収	給料から天引される方法
普通徴収	自分で支払う方法

❽FX投資の税金は

♥サラリーマンの方は要注意

サラリーマンの方は、一般に、住民税の納税通知書は会社に届き特別徴収されますので、給料以外の収入があることが会社に知られてしまいます。

もし、FX取引の内容について会社に知られたくない場合は、確定申告書の第二表の「住民税に関する事項」の「住民税の徴収方法の選択」という欄の「自分で納付（普通徴収）」にチェックをしてください。

ここにチェックをしますと、給料分の住民税の納税通知書が会社に届き特別徴収され、FX取引にかかる住民税分は普通徴収されます。普通徴収分の納税通知書は自宅に届きますので、会社にはFX取引の内容が知られることはありません

【図表146　会社にFX取引をしている事実を会社に知られたくない方へ】

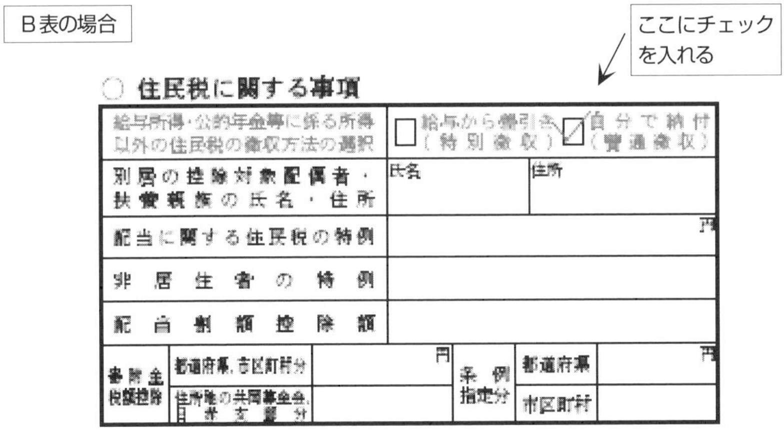
B表の場合

ここにチェックを入れる

○ 住民税に関する事項

給与所得・公的年金等に係る所得以外の住民税の徴収方法の選択	□給与から差引き（特別徴収） ☑自分で納付（普通徴収）			
別居の控除対象配偶者・扶養親族の氏名・住所	氏名	住所		
配当に関する住民税の特例	円			
非居住者の特例				
配当割額控除額				
寄附金税額控除	都道府県、市区町村分	円	条例指定分	都道府県 円
	住所地の共同募金会、日赤支部分			市区町村

♥確定申告をしないときのペナルティーは

確定申告の申告期限までに申告をしなかったときは、次の無申告加算税が課されます。

(1) 自主的に期限後に申告した場合は、納めるべき税額の５％

(2) 調査等により無申告が明らかになった場合は、納めるべき税額のうち50万円までの部分については15%、50万円を超える部分については20%

なお、故意に収入を少なくした場合には、重加算税40%が課されます。

Q67 確定申告書の提出・納税は

Answer Point
♡確定申告書の提出と納税は、毎年2月16日から3月15日までです。
♡延納を選択することも可能です。

♥確定申告書の提出と納税

確定申告書の提出と納税は、毎年2月16日から3月15日までに行わなければなりません。申告書は税務署や市区役所等で用意されています。

また、国税庁のホームページからもダウンロードできます。

【図表147　確定申告書の提出方法】

> (1) 住所地等の所轄の税務署に持参する。
> (2) 郵便又は信書便により住所地等の所轄の税務署に送付する。
>   税務署に送付する場合は通信日付印が提出日とされますので、3月15日の消印があれば有効となります。ただし、ゆうパックや宅配便等で申告書を提出することはできません。
> (3) e-Taxで申告する。

♥e-Taxでの申告は

申告期間中は24時間送信できます。e-Taxで申告した場合は、平成22年分については上限5,000円の電子証明書等特別控除を受けることができます。e-Taxを利用するには電子証明書（住民基本台帳カードなど）とICカードリーダライタが必要となります。

【図表148　ICカードリーダーライタ】

♥納税の方法は

　所得税の納付期限は３月15日です。確定申告書の提出後に、税務署から納付書が送付されたり、納付の通知が届いたりはしませんのでご注意ください

【図表149　納付の方法】

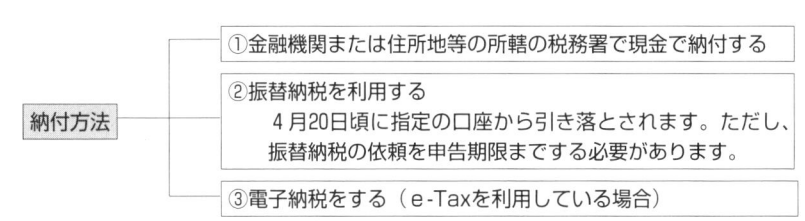

納付方法
- ①金融機関または住所地等の所轄の税務署で現金で納付する
- ②振替納税を利用する
　　４月20日頃に指定の口座から引き落とされます。ただし、振替納税の依頼を申告期限までする必要があります。
- ③電子納税をする（e-Taxを利用している場合）

♥税金の延納

　確定申告により納付する税金を一度に納付できない場合には、納付期限（振替納税の場合は振替日）までに２分の１以上の金額を納付すれば、残りの金額を５月31日まで延納することができます。申告書の所定箇所に必要事項を記入する必要があります。

　延納をする場合には、延納期間中は利子税がかかります。

【図表150　延納の届】

Ａ表の場合

申告納税額	納める税金	㉝	900000
(㉚-㉛-㉜)	還付される税金	㉞	△
その他	配偶者の合計所得金額	㉟	
	雑所得・一時所得の源泉徴収税額の合計額	㊱	
	未納付の源泉徴収税額	㊲	
延納の届出	申告期限までに納付する金額	㊳	500000 　← 必要事項を記入する
	延納届出額	㊴	400000

Q68 利益が出たときの確定申告書の書き方は

Answer Point
♡店頭FXで利益が出た場合の申告書の書き方について例示しましょう。

♥店頭FXで利益が出た場合の申告書の書き方は

店頭FXで利益が出た場合の申告書の書き方を例示すると、図表151のとおりです。

【図表151　店頭FXで利益が出た場合の申告書の書き方】

・設例 ・給与収入　600万円（下の源泉徴収票を参照） ・店頭FX取引を行い、100万円の利益があった。 　必要経費は10万円。 ・取引所FX取引を行った。 　①（くりっく３６５） 　　収入800,000円　　必要経費102,200円 　②大証FX 　　損失200,000円　　必要経費 21,000円	・申告に必要な書類 ・確定申告書B様式（第一表、第二表） ・確定申告書　第三表 ・先物取引に係る雑所得等の金額の計算明細書 　（申告書と一緒に提出する） ・源泉徴収票（第二表の裏面に貼って提出する）（下図）

平成22年分　給与所得の源泉徴収票

住所：新宿区東新宿1-1-1-101
氏名：(フリガナ) ガイタメ　イチロウ　外為　一郎

種別	支払金額	給与所得控除後の金額	所得控除の額の合計額	源泉徴収税額
給料賞与	6,000,000	4,260,000	1,953,000	133,200

社会保険料等の金額 748,000
生命保険料の控除額 50,000
地震保険料の控除額 15,000

（配偶者）妻　朋子
（長女）あおい

生年月日　50　11　11

支払者所在地：東京都港区西青山1-2-3
氏名又は名称：株式会社　ＸＹＺ商事

申告書の記入のしかたは次によります。

第一表　所得金額や控除額等を記入して納付税額を算出します。

第二表　第一表に記入した所得金額や控除額等の内訳を記入します。

第二表→第一表の順に記入すると、間違いが少なく申告書を作成できます。

先物取引に係る雑所得等の金額の計算明細書

（記載例については、裏面を参照してください。）

（この明細書は、先物取引に係る事業所得や雑所得について確定申告する場合に使用します。なお、いずれの所得もあるときは、所得の区分ごとにこの明細書を作成します。詳しくは、「先物取引に係る雑所得等の説明書」を参照してください。）

いずれか当てはまるものを◯で囲んでください。→ 事業所得用 ／ (雑所得用)

（平成22年分）　　氏名　外為一郎

			Ⓐ	Ⓑ	Ⓒ	合計（ⒶからⒸまでの計）
取引の内容	種類		くりっく365	大証ＦＸ		
	決済年月日		平成 22・12・31	平成 22・12・31	・　・	
	数量		30 枚	10 枚		
	決済の方法		仕切	仕切		
総収入金額	差金等決済に係る利益又は損失の額	①	800,000 円	Δ200,000	円	600,000 円
	その他の収入	②				
	計（①＋②）	③	800,000	Δ200,000		600,000
必要経費	差金等決済に係る委託手数料	④	63,000	21,000		84,000
	その他の経費　セミナー参加費	⑤	21,000			21,000
	その他の経費　セミナー参加の交通費	⑥	4,000			4,000
	その他の経費　書籍代	⑦	10,000			10,000
	その他の経費　送金手数料	⑧	4,200			4,200
	その他の経費	⑨				
	その他の経費　小計（⑤から⑨までの計）	⑩	39,200			39,200
	計（④＋⑩）	⑪	102,200	21,000		123,200
所得金額（③－⑪）		⑫	697,800	Δ221,000		476,800

年間の取引内容を合計して記入

必要経費を記入（領収書等の添付は必要なし）

第三表の㋣に転記

申告書第三表（分離課税用）は「収入金額」欄の㋣（申告書第四表（損失申告用）は「１損失額又は所得金額」欄のＦのⒶ収入金額）に転記してください。

第三表の(62)に転記

黒字の場合は、申告書第三表（分離……まま転記し、赤字の場合は、申告書第三表（分離課税用）の「所得金額」欄の(62)（申告書第四表（損失申告用）は「１　損失額又は所得金額」欄のＦの(65)）に「0」と書いてください。

○この明細書は、申告書と一緒に提出してください。

※　①、③及び⑫欄は金額が赤字（損失）のときは、赤書き（△印）してください。

◎　ⒶからⒸの各欄は、差金等決済ごとに記載してください。
　　㋐本年の⑫欄の合計額が赤字のときにその赤字を翌年以後に繰り越す場合や、㋑本年の⑫欄の合計額が黒字のときに前年から繰り越された赤字を本年の黒字から差し引くときには、「平成＿＿年分の所得税の＿＿申告書付表（先物取引に係る繰越損失用）」も併せて作成してください。

－1－

・第二表から第一表を記入します。

FX取引分の住民税を自分で納付する場合は「普通徴収」にチェックをいれる

第三表の㊱から転記

納付税額

⑧FX投資の税金は

144

第三表　分離課税の所得金額や所得税額を計算します。

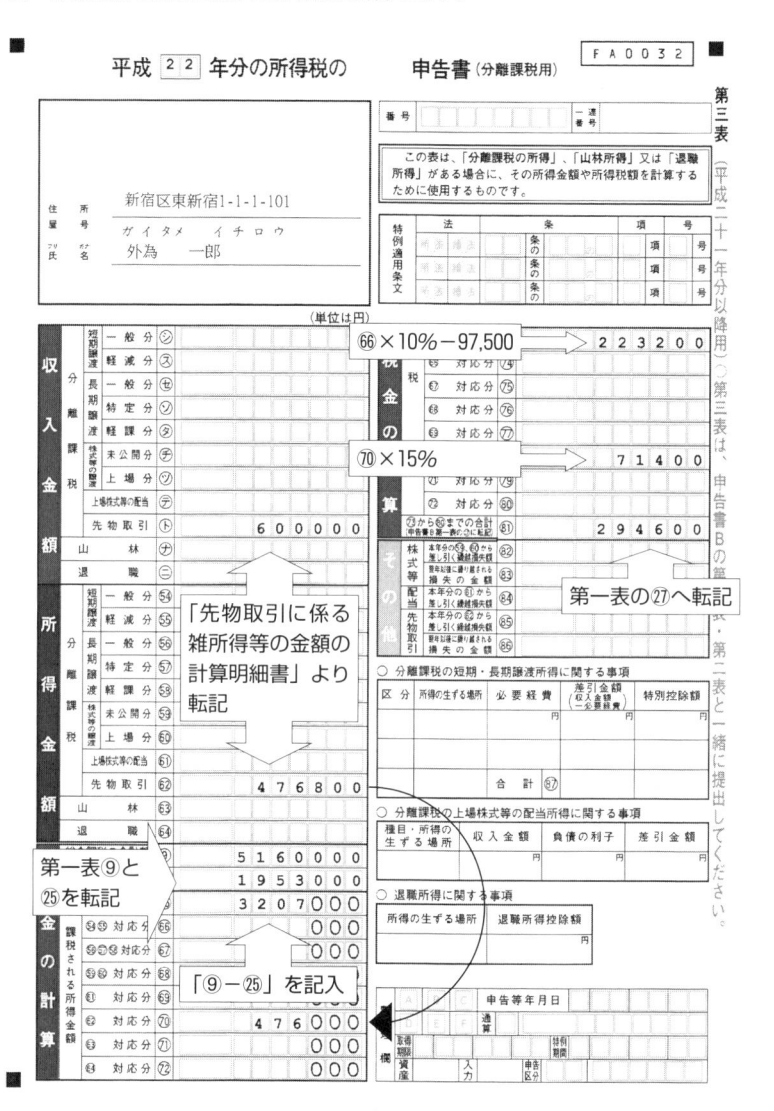

平成 22 年分の所得税の 申告書（分離課税用）

FA0032

第三表（平成二十一年分以降用）この第三表は、申告書Bの第一表・第二表と一緒に提出してください。

住所　新宿区東新宿1-1-1-101
フリガナ　ガイタメ　イチロウ
氏名　外為　一郎

この表は、「分離課税の所得」、「山林所得」又は「退職所得」がある場合に、その所得金額や所得税額を計算するために使用するものです。

（単位は円）

収入金額
- 分離課税
  - 短期譲渡 一般分 ㋢
  - 短期譲渡 軽減分 ㋣
  - 長期譲渡 一般分 ㋤
  - 長期譲渡 特定分 ㋥
  - 長期譲渡 軽課分 ㋦
  - 株式等の譲渡 未公開分 ㋧
  - 株式等の譲渡 上場分 ㋨
  - 上場株式等の配当 ㋩
  - 先物取引 ㋪　600000
  - 山林 ㋫
  - 退職 ㋬

所得金額（「先物取引に係る雑所得等の金額の計算明細書」より転記）
- 分離課税
  - 短期譲渡 一般分 54
  - 短期譲渡 軽減分 55
  - 長期譲渡 一般分 56
  - 長期譲渡 特定分 57
  - 長期譲渡 軽課分 58
  - 株式等の譲渡 未公開分 59
  - 株式等の譲渡 上場分 60
  - 上場株式等の配当 61
  - 先物取引 62　476800
  - 山林 63
  - 退職 64

第一表⑨と㉕を転記

5160000
1953000
3207000

税金の計算
- 課税される所得金額
  - ㊾㊿ 対応分 66　000
  - ㊾㊿ 対応分 67　000
  - 61 対応分 68　000
  - 「⑨－㉕」を記入
  - 62 対応分 70　476000
  - 63 対応分 71　000
  - 64 対応分 72　000

税金の計算
- ⑯×10%－97,500 → 223200
- 対応分 75
- 対応分 76
- 対応分 77
- ⑰×15% → 71400
- 対応分 80
- ⑰から⑳までの合計（申告書第一表⑰に記入） 81　294600
- 第一表の㉗へ転記

株式等
- 本年分の58、59から差し引く繰越損失の金額 82
- 翌年以後に繰り越される損失の金額 83

配当
- 本年分の61から差し引く繰越損失の金額 84
- 翌年以後に繰り越される損失の金額 85

先物取引
- 本年分の62から差し引く繰越損失の金額 86
- 翌年以後に繰り越される損失の金額 87

○ 分離課税の短期・長期譲渡所得に関する事項

区分	所得の生ずる場所	必要経費	差引金額（収入金額－必要経費）	特別控除額
		円	円	円
	合計 87			

○ 分離課税の上場株式等の配当所得に関する事項

種目・所得の生ずる場所	収入金額	負債の利子	差引金額

○ 退職所得に関する事項

所得の生ずる場所	退職所得控除額
	円

申告等年月日

Q68 利益が出たときの確定申告書の書き方は

Q69 損失の繰越をするときの確定申告書の書き方は

Answer Point
♡取引所FXの損失を繰越するときの確定申告書の書き方を例示しましょう。

♥損失の繰越控除があるときの確定申告書の書き方は

取引所FXの損失を繰越するときの確定申告書の書き方は、図表152のとおりです。

【図表152 損失の繰越控除があるときの確定申告書の書き方】

- ・設例
- ・給与収入 600万円（下の源泉徴収票を参照）
- ・店頭FX取引を行い、100万円の利益があった。
  必要経費は10万円。
- ・取引所FX取引をおこなった。
- ・くりっく３６５
  　損失400,000円　必要経費81,200円

- ・申告に必要な書類
- ・確定申告書B様式（第一表、第二表）
- ・確定申告書　第三表（分離課税用）
- ・確定申告書　第四表（損失申告用）の（一）、（二）
- ・申告書付表（先物取引に係る繰越損失用）
- ・先物取引に係る雑所得等の金額の計算明細書（申告書と一緒に提出する）
- ・源泉徴収票（第二表の裏面に貼って提出する）（下図）

平成22年分　給与所得の源泉徴収票

住所：新宿区東新宿1-1-1-101
氏名：（フリガナ）ガイタメ　イチロウ　外為　一郎

種別	支払金額	給与所得控除後の金額	所得控除の額の合計額	源泉徴収税額
給料賞与	6,000,000	4,260,000	1,953,000	133,200

社会保険料等の金額　748,000
生命保険料の控除額　50,000
住宅借入金等特別控除の額　15,000

配偶者　麦　朋子　　長女　あおい

支払者：東京都港区西青山1-2-3
株式会社　ＸＹＺ商事

まず、「先物取引に係る雑所得等の金額の計算明細書」に取引所ＦＸの取引内容を記載し、その後申告書付表→第二表→第三表→第一表→第四表と記入して納付税額を計算します。

・手順１：先物取引に係る雑所得等の金額の計算明細書の記入

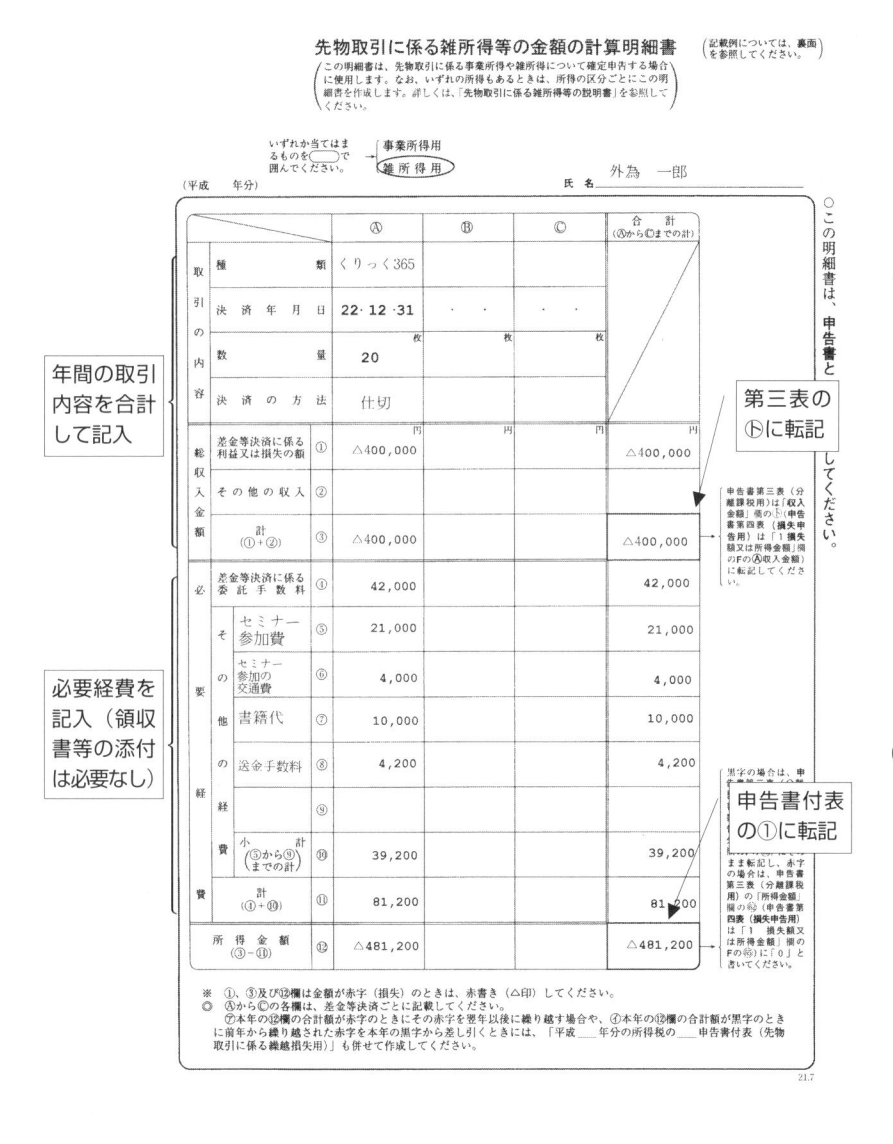

先物取引に係る雑所得等の金額の計算明細書

(記載例については、裏面を参照してください。)

この明細書は、先物取引に係る事業所得や雑所得について確定申告する場合に使用します。なお、いずれの所得もあるときは、所得の区分ごとにこの明細書を作成します。詳しくは、「先物取引に係る雑所得等の説明書」を参照してください。

いずれか当てはまるものを○で囲んでください。
- 事業所得用
- **雑所得用**

（平成　　年分）　　氏名　外為　一郎

年間の取引内容を合計して記入

			Ⓐ	Ⓑ	Ⓒ	合計 (ⒶからⒸまでの計)
取引の内容	種類		くりっく365			
	決済年月日		22・12・31	・ ・	・ ・	
	数量		20 枚	枚	枚	
	決済の方法		仕切			
総収入金額	差金等決済に係る利益又は損失の額		△400,000 円	円	円	△400,000 円
	その他の収入	②				
	計 (①+②)	③	△400,000			△400,000
必要経費	差金等決済に係る委託手数料	④	42,000			42,000
	その他の経費	セミナー参加費 ⑤	21,000			21,000
		セミナー参加の交通費 ⑥	4,000			4,000
		書籍代 ⑦	10,000			10,000
		送金手数料 ⑧	4,200			4,200
		⑨				
	小計 (⑤から⑨までの計)	⑩	39,200			39,200
	計 (④+⑩)	⑪	81,200			81,200
所得金額 (③-⑪)		⑫	△481,200			△481,200

必要経費を記入（領収書等の添付は必要なし）

第三表のⒹに転記

申告書付表の①に転記

申告書第三表（分離課税用）欄のⒹに「申告書第四表（損失申告用）」は「１ 損失額又は所得金額」欄のFのⒶ収入金額」に転記してください。

黒字の場合は、申告書第三表（分離課税用）の「所得金額」欄の㊅（申告書第四表（損失申告用）は「１ 損失額又は所得金額」欄のFの㊅）に「0」と書いてください。

※ ①、③及び⑫欄は金額が赤字（損失）のときは、赤書き（△印）してください。
　ⒶからⒸの各欄は、差金等決済ごとに記載してください。
　⑦本年の⑫欄の合計額が赤字のときにその赤字を翌年以後に繰り越す場合や、⑦本年の⑫欄の合計額が黒字のときに前年から繰り越された赤字を本年の黒字から差し引くときには、「平成　　年分の所得税の　　申告書付表（先物取引に係る繰越損失用）」も併せて作成してください。

21.7

・手順2：所得税の確定申告書付表の記入

平成 22 年分の所得税の 確定 申告書付表 【先物取引に係る繰越損失用】

| 提出用 | 住所又は事業所事務所居所など | 新宿区東新宿1-1-1-101 | フリガナ 氏名 | ガイタメ イチロウ 外為 一郎 |

この表は、租税特別措置法第41条の15（先物取引の差金等決済に係る損失の繰越控除）の規定の適用を受け、本年分で繰り越された前3年分の先物取引の差金等決済に係る損失の金額を本年分の先物取引に係る雑所得等の金額から差し引いたり、翌年以後に繰り越される前2年分及び本年分に生じた先物取引の差金等決済に係る損失の金額がある場合に使用します。

計算明細書⑫を転記

この付表は、申告書と一緒に提出してください。

いずれか当てはまるものを○で囲んでください。→ 事業所得用 / 雑所得用

1 先物取引に係る雑所得等の金額

| 本年分の先物取引に係る雑所得等の金額 | ① | △481,200 円 |

先物取引に係る雑所得等の金額の計算明細書の「合計」欄の⑫の金額を転記してください。

2 翌年以後に繰り越される先物取引に係る損失の計算

A 19年（3年前）	前年分までに引ききれなかった先物取引の差金等決済に係る所得の損失の額	②	円
	本年分で差し引く先物取引の差金等決済に係る損失の額（①と②のいずれか低い方の金額）	③	（赤字のときは0）
	先物取引に係る雑所得等の金額の差引金額 （① − ③）	④	△481,200

前年の申告書付表（先物取引に係る繰越損失用）の⑦の金額を転記してください。

B 20年（2年前）	前年分までに引ききれなかった先物取引の差金等決済に係る所得の損失の額	⑤	
	本年分で差し引く先物取引の差金等決済に係る損失の額（④と⑤のいずれか低い方の金額）	⑥	（赤字のときは0）
	翌年以後に繰り越して差し引かれる先物取引の差金等決済に係る損失の額（⑤ − ⑥）	⑦	
	先物取引に係る雑所得等の金額の差引金額 （④ − ⑥）	⑧	△481,200

前年の申告書付表（先物取引に係る繰越損失用）の⑪の金額を転記してください。

C 21年（前年）	前年分までに引ききれなかった先物取引の差金等決済に係る所得の損失の額	⑨	
	本年分で差し引く先物取引の差金等決済に係る損失の額（⑧と⑨のいずれか低い方の金額）	⑩	（赤字のときは0）
	翌年以後に繰り越して差し引かれる先物取引の差金等決済に係る損失の額（⑨ − ⑩）	⑪	
	先物取引に係る雑所得等の金額の差引金額 （⑧ − ⑩）	⑫	△481,200

前年の申告書付表（先物取引に係る繰越損失用）の⑫が赤字の場合に、前年の㉒の金額を転記してください。

前年までの所得から引ききれなかった3年前の雑損失の金額を、前年の申告書第四表（二）などから転記してください。

※ 雑損失の金額は、総合課税の所得、分離課税の上場株式等の配当所得、分離課税の株式等の譲渡所得等、分離課税の先物取引に係る雑所得等、山林所得、退職所得の順序で差し引きます。ただし、分離課税の土地建物等の譲渡所得、分離課税の上場株式等の配当所得、分離課税の株式等の譲渡所得等、分離課税の先物取引に係る雑所得等から差し引く雑損失の金額を、それとは異なる順序で差し引いても差し支えありません。詳しくは、税務署におたずねください。

3 翌年以後に繰り越される雑損失の計算

A ＿年（3年前）	前年分までに引ききれなかった雑損失の額	⑬	円
	本年分で差し引く雑損失の額	⑭	（赤字のときは0）
		⑮	

B ＿年（2年前）	前年分までに引ききれなかった雑損失の額	⑯	
	本年分で差し引く雑損失の額	⑰	
		⑱	

前年までの所得から引ききれなかった前年の雑損失の金額を、前年の申告書第四表（二）などから転記してください。

C ＿年（前年）	前年分までに引ききれなかった雑損失の額	⑲	
	本年分で差し引く雑損失の額	⑳	
		㉑	

申告書第三表（分離課税用）の「所得金額」欄⑥（申告書第四表（損失申告用）は「1 損失額又は所得金額」欄のＦの⑯）に転記してください。

○ 次の該当する欄を書いてください。

先物取引に係る雑所得等の金額の差引金額又は損失額（⑫ − ⑮ − ⑱ − ㉑）	㉒	481,200 （赤字のときは△を付けないで書いてください。）
申告書への転記事項 (1) ①が黒字の場合（0の場合も含みます。）	先物取引に係る雑所得等の金額（上の①の金額）	㉓	
	本年分の先物取引の差金等決済に係る損失の額（① − ㉒） （⑦ + ⑪）	㉔	
(2) ①が赤字の場合	翌年以後に繰り越される先物取引の差金等決済に係る損失の額（⑦ + ⑪ + ㉒）	㉕	481,200

指示に従って記載

申告書第三表（分離課税用）の「その他」欄の⑥（申告書第四表（損失申告用）は「4 繰越損失を差し引く計算」欄の⑥）に転記してください。

申告書第三表（分離課税用）の「その他」欄の㉒に翌年以後に繰り越される先物取引に係る損失の額（⑥）に転記してください。

申告書第三表（分離課税用）の「その他」欄の㉓に翌年以後に繰り越される先物取引に係る損失の額（⑦）に転記してください。また、申告書第三表（分離課税用）の「所得金額」欄の⑥及び「その他」欄の⑥（申告書第四表（損失申告用）は「1 損失額又は所得金額」欄のＦの⑯及び「4 繰越損失を差し引く計算」欄の⑯）に「0」を書いてください。

・手順3：第二表の記入（第一表・第二表の記入については144頁参照）
・手順4：第三表の記入

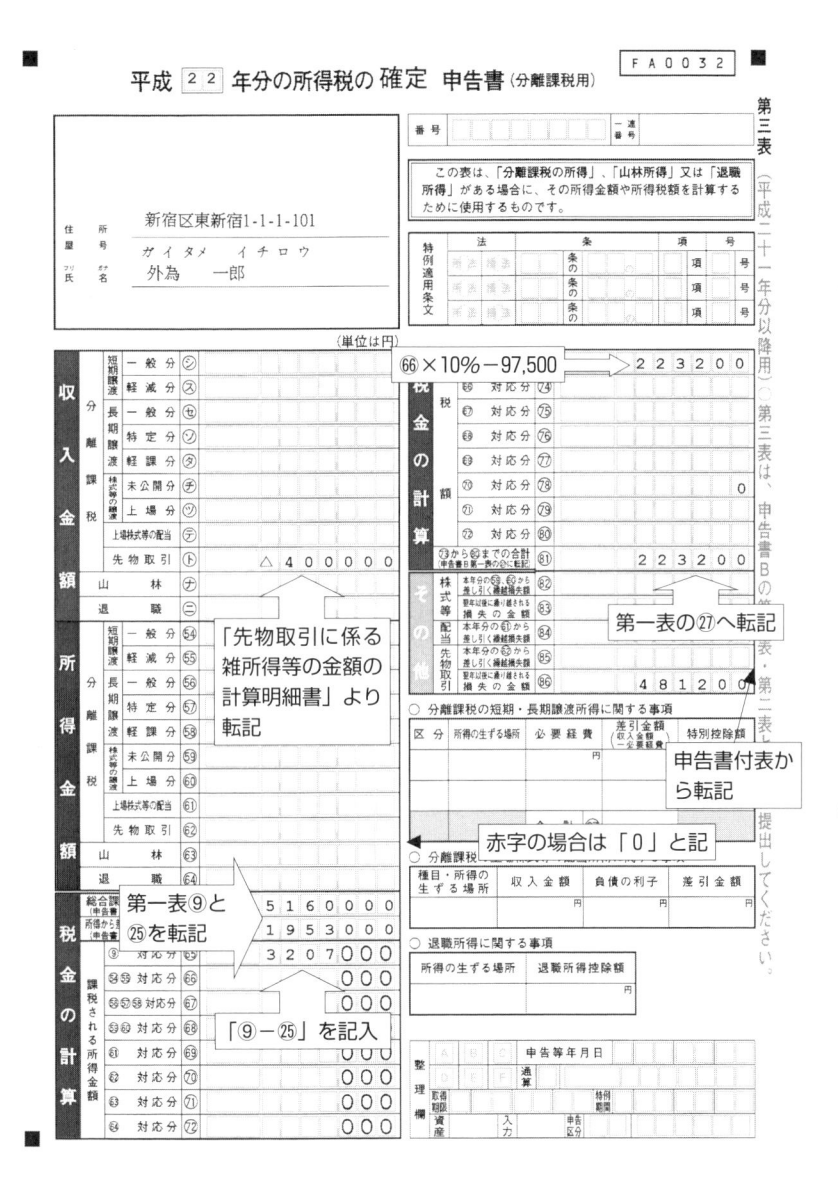

平成 22 年分の所得税の 確定 申告書（分離課税用）

FA0032

住所：新宿区東新宿1-1-1-101
フリガナ：カイタメ イチロウ
氏名：外為 一郎

この表は、「分離課税の所得」、「山林所得」又は「退職所得」がある場合に、その所得金額や所得税額を計算するために使用するものです。

（単位は円）

収入金額
- 分離課税
  - 短期譲渡 一般分 ㋗
  - 短期譲渡 軽減分 ㋘
  - 長期譲渡 一般分 ㋙
  - 長期譲渡 特定分 ㋚
  - 長期譲渡 軽課分 ㋛
  - 株式等の譲渡 未公開分 ㋜
  - 株式等の譲渡 上場分 ㋝
  - 上場株式等の配当 ㋞
  - 先物取引 ㋟ △400000
- 山林 ㋠
- 退職 ㋡

「先物取引に係る雑所得等の金額の計算明細書」より転記

所得金額
- 分離課税
  - 短期譲渡 一般分 64
  - 短期譲渡 軽減分 65
  - 長期譲渡 一般分 66
  - 長期譲渡 特定分 67
  - 長期譲渡 軽課分 68
  - 株式等の譲渡 未公開分 69
  - 株式等の譲渡 上場分 70
  - 上場株式等の配当 71
  - 先物取引 72
- 山林 63
- 退職 64

税金の計算
- 総合課税の申告書第一表の㉖ | 5160000
- 所得から差し引かれる金額（申告書第一表の㉕） | 1953000
- 課税される所得金額 | 3207000
- ㊹対応分 ㉖ | 000
- ㊺㊻対応分 ㉗ | 000
- ㊼㊽対応分 ㉘ | 000
- ㊾対応分 ㉙ | 000
- ㊿対応分 ㉚ | 000
- ㊱対応分 ㉛ | 000
- ㊲対応分 ㉜ | 000

第一表⑨と㉕を転記
「⑨−㉕」を記入

㊻×10%−97,500 → 223200

- ㊹対応分 ㉔
- ㊺対応分 ㉕
- ㊻対応分 ㉖
- ㊼対応分 ㉗
- ㊽対応分 ㉘ 0
- ㊾対応分 ㉙
- ㊿対応分 ㉚
- ㉔から㉚までの合計（申告書第一表の㉗へ） ㉛ 223200

その他
- 株式等の配当・先物取引
  - 本年分の㋞から差し引く繰越損失額 ㊷
  - 翌年以後に繰り越される損失の金額 ㊸
  - 本年分の㋟から差し引く繰越損失額 ㊹
  - 翌年以後に繰り越される損失の金額 ㊺ 481200

第一表の㉗へ転記

○ 分離課税の短期・長期譲渡所得に関する事項

区分	所得の生ずる場所	必要経費	差引金額（収入金額−必要経費）	特別控除額
		円		円

申告書付表から転記

赤字の場合は「0」と記

○ 分離課税の

種目・所得の生ずる場所	収入金額	負債の利子	差引金額
	円	円	円

○ 退職所得に関する事項

所得の生ずる場所	退職所得控除額
	円

Q69 損失の繰越をするときの確定申告書の書き方は

149

・手順5：第四（一）表の記入

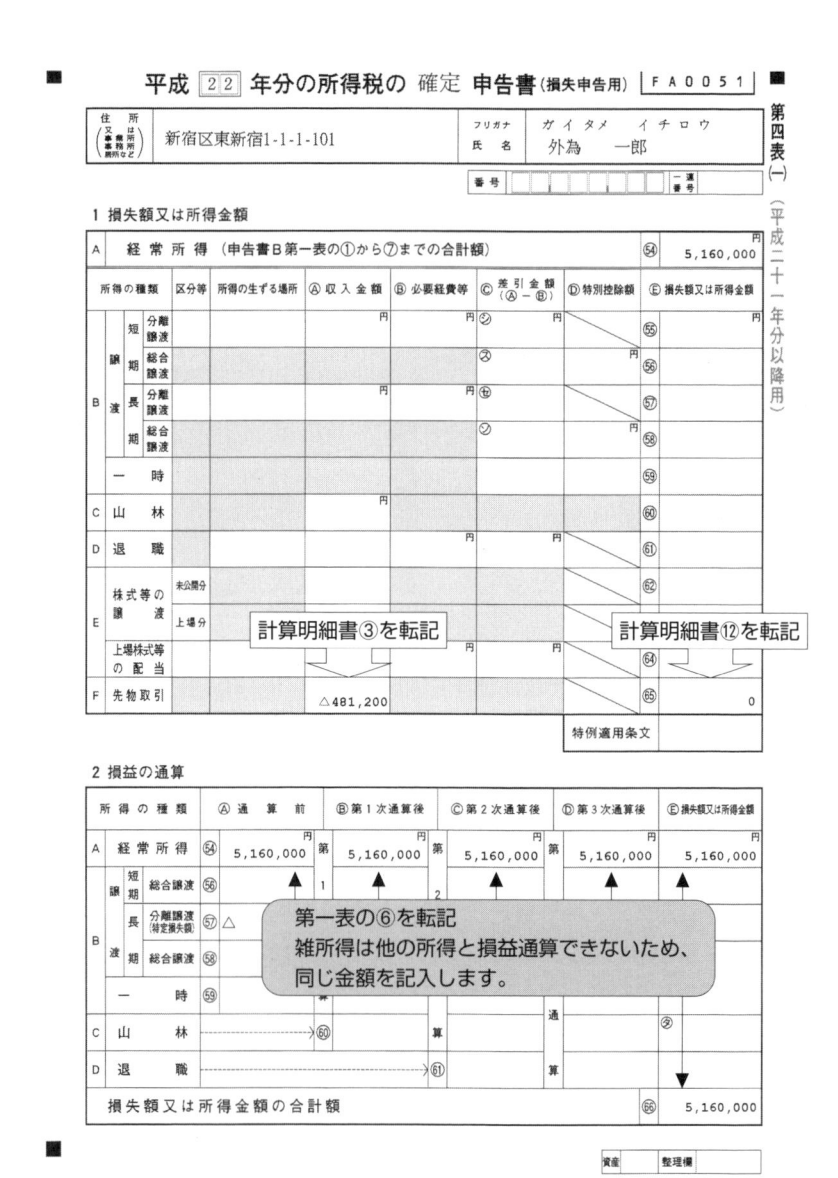

平成 22 年分の所得税の 確定 申告書（損失申告用） FA0051

第四表（一） （平成二十一年分以降用）

住所又は事業所事務所居所など：新宿区東新宿1-1-1-101
フリガナ：ガイタメ イチロウ
氏名：外為 一郎

1 損失額又は所得金額

所得の種類			区分等	所得の生ずる場所	Ⓐ収入金額	Ⓑ必要経費等	Ⓒ差引金額(Ⓐ－Ⓑ)	Ⓓ特別控除額	Ⓔ損失額又は所得金額
A	経常所得 （申告書B第一表の①から⑦までの合計額）							54	5,160,000
B	譲渡	短期	分離譲渡		円	円 ㋑	円	55	円
			総合譲渡			㋺		56	
		長期	分離譲渡		円	円 ㋩	円	57	
			総合譲渡			㋥		58	
	一時							59	
C	山林				円			60	
D	退職				円			61	
E	株式等の譲渡		未公開分					62	
			上場分		計算明細書③を転記	円		計算明細書⑫を転記	
	上場株式等の配当							64	
F	先物取引			△481,200			65	0
							特例適用条文		

2 損益の通算

所得の種類				Ⓐ通算前	Ⓑ第1次通算後	Ⓒ第2次通算後	Ⓓ第3次通算後	Ⓔ損失額又は所得金額
A	経常所得		54	円 5,160,000	第1 円 5,160,000	第2 円 5,160,000	第3 円 5,160,000	5,160,000
B	譲渡	短期	総合譲渡 56					
		長期	分離譲渡（特定損失分） 57 △					
			総合譲渡 58					
	一時 59							
C	山林		60		算	通	③	
D	退職		61			算		
損失額又は所得金額の合計額				66	5,160,000			

第一表の⑥を転記
雑所得は他の所得と損益通算できないため、同じ金額を記入します。

資産	整理欄

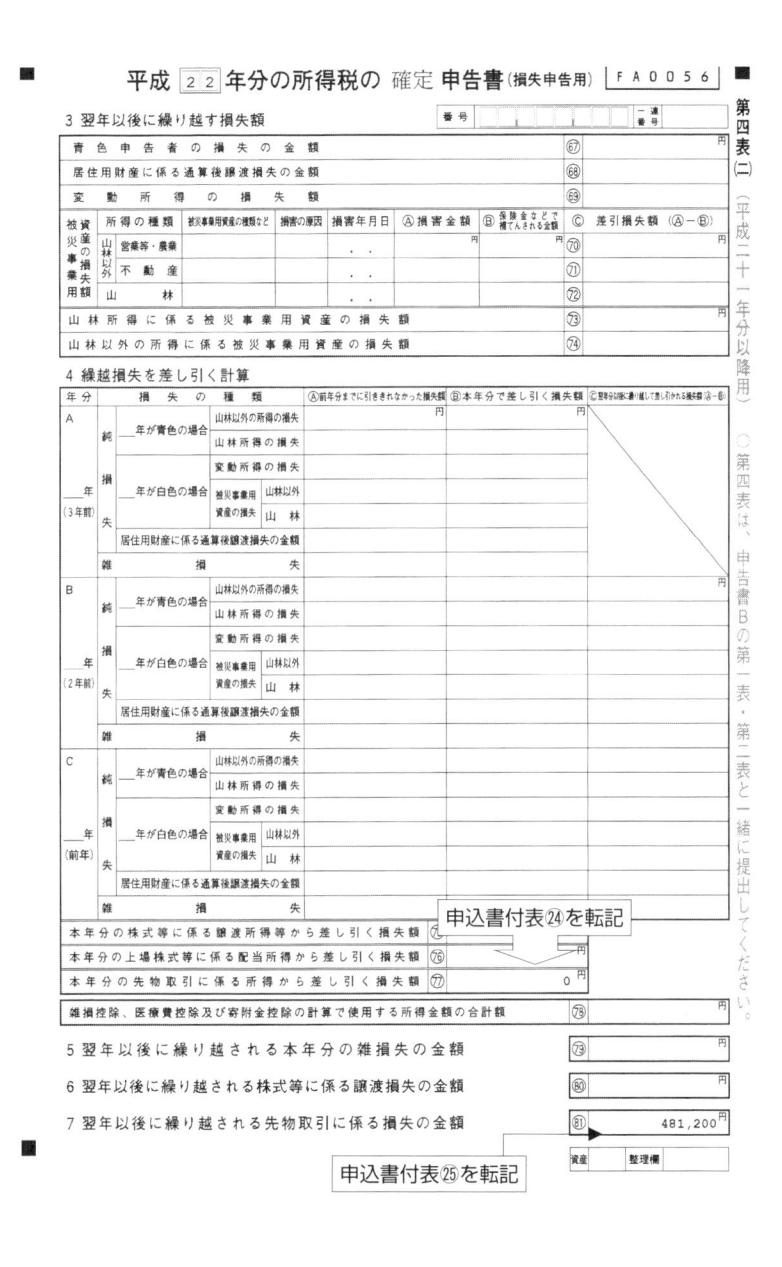

・手順6：第四（二）表の記入

平成 22 年分の所得税の 確定 申告書(損失申告用) FA0056

3 翌年以後に繰り越す損失額

青 色 申 告 者 の 損 失 の 金 額						⑥	円
居住用財産に係る通算後譲渡損失の金額						⑧	
変 動 所 得 の 損 失 額						⑥	

被災事業用資産の損失額	所得の種類	被災事業用資産の種類など	損害の原因	損害年月日	Ⓐ 損害金額	Ⓑ 保険金などで補てんされる金額	Ⓒ 差引損失額（Ⓐ－Ⓑ）	
	山林以外	営業等・農業			・ ・	円		⑦ 円
		不 動 産			・ ・			⑦
	山 林			・ ・			⑦	
山 林 所 得 に 係 る 被 災 事 業 用 資 産 の 損 失 額							⑦	
山 林 以 外 の 所 得 に 係 る 被 災 事 業 用 資 産 の 損 失 額							⑦	

4 繰越損失を差し引く計算

年分	損 失 の 種 類		Ⓐ前年分までに引ききれなかった損失額	Ⓑ本年分で差し引く損失額	Ⓒ翌年分以降に繰り越して差し引かれる損失額(Ⓐ-Ⓑ)
A 年 (3年前)	純損失	＿年が青色の場合	山林以外の所得の損失	円	円
			山林所得の損失		
			変動所得の損失		
		＿年が白色の場合	被災事業用資産の損失 山林以外		
			山 林		
		居住用財産に係る通算後譲渡損失の金額			
	雑 損 失				
B 年 (2年前)	純損失	＿年が青色の場合	山林以外の所得の損失		円
			山林所得の損失		
			変動所得の損失		
		＿年が白色の場合	被災事業用資産の損失 山林以外		
			山 林		
		居住用財産に係る通算後譲渡損失の金額			
	雑 損 失				
C 年 (前年)	純損失	＿年が青色の場合	山林以外の所得の損失		
			山林所得の損失		
			変動所得の損失		
		＿年が白色の場合	被災事業用資産の損失 山林以外		
			山 林		
		居住用財産に係る通算後譲渡損失の金額			
	雑 損 失				

本年分の株式等に係る譲渡所得等から差し引く損失額	⑦	円
本年分の上場株式等に係る配当所得から差し引く損失額	⑦	
本年分の先物取引に係る所得から差し引く損失額	⑦	0 円
雑損控除、医療費控除及び寄附金控除の計算で使用する所得金額の合計額	⑦	円

← 申込書付表㉔を転記

5 翌年以後に繰り越される本年分の雑損失の金額 ⑦ 円

6 翌年以後に繰り越される株式等に係る譲渡損失の金額 ⑧ 円

7 翌年以後に繰り越される先物取引に係る損失の金額 ㉛ 481,200 円

← 申込書付表㉕を転記

第四表（二）（平成二十一年分以降用）○第四表は、申告書Bの第一表・第二表と一緒に提出してください。

Q69 損失の繰越をするときの確定申告書の書き方は

著者略歴

原　彰宏（はら　あきひろ）

関西学院大学法学部卒業後、吉富製薬株式会社（現在の三菱製薬株式会社）・日本交通公社（現在の株式会社ジェイティビー）に勤務。退社後、独学でＣＦＰ資格を取得。現在、独立系FP（ファイナンシャル・プランナー）として講演、執筆、コンサルティング、ラジオ出演などで活躍中。
主な著書に『Ｑ＆Ａ確定拠出年金ハンドブック』『生命保険の「会社経営」活用法Ｑ＆Ａ』『会社経営者の相続・贈与対策と生命保険活用法Ｑ＆Ａ』『生命保険の「医療法人経営」活用法』『医療法人のメリット・デメリット』『確定拠出年金を楽しくする「投資信託」の基礎知識』（以上、セルバ出版）等多数。
http://www.fp-cafe.net
毎月の経済情報ブログ「ファイナンシャルプランナーの独り言」
http://fp-cafe.blogspot.com/

高橋　毅（たかはし　たけし）

1964年（昭和39年）2月東京都生まれ。早稲田大学社会科学部卒業後、一般企業やコンサルティング会社に勤務した後、1997年（平成9年）税理士試験合格。1998年（平成10年）東京都武蔵野市に高橋毅税理士事務所を開業し、現在に至る。
東京税理士会納税者支援センターの相談員や小学校などで租税教室の講師を務めている。

Ｑ＆Ａ損を出さない「ＦＸ投資」強化塾

2010年10月20日　初版発行

著　者	原　　彰宏	©Akihiro Hara
	高橋　　毅	©Takeshi Takahashi
発行人	森　　忠順	
発行所	株式会社セルバ出版	
	〒113-0034	
	東京都文京区湯島1丁目12番6号高関ビル5Ｂ	
	TEL 03(5812)1178　FAX 03(5812)1188	
	http://www.seluba.co.jp/	
発　　売	株式会社 創英社/三省堂書店	
	〒101-0051	
	東京都千代田区神田神保町1丁目1番地	
	TEL 03(3291)2295　FAX 03(3292)7687	

印刷・製本　モリモト印刷株式会社

●乱丁・落丁の場合はお取り替えいたします。著作権法により無断転載、複製は禁止されています。
●本書の内容に関する質問はFAXでお願いします。

Printed in JAPAN
ISBN978-4-86367-012-9